COLECCIÓN TIERRA FIRME

RELÁMPAGOS DE LO INVISIBLE

OLGA OROZCO

Relámpagos de lo invisible

Antología

Selección y prólogo
Horacio Zabaljáuregui

FONDO DE CULTURA ECONÓMICA

MÉXICO - ARGENTINA - COLOMBIA - CHILE - ESPAÑA
ESTADOS UNIDOS DE AMÉRICA - PERÚ - VENEZUELA

Primera edición, 1998
Primera reimpresión, 1998

Relámpagos de lo invisible. Antología

Fotos de tapa y solapas: Graciela García Romero
Diseño del pliego interior de fotos: María del Carmen Piaggio

D.R. © 1997, Fondo de Cultura Económica de Argentina, S.A.
    El Salvador 5665, 1414 Buenos Aires
    Av. Picacho Ajusco 227; 14200 México, D.F.

ISBN: 950-557-240-9

Impreso en la Argentina
Hecho el depósito que previene la ley 11.723

PRÓLOGO

El estilo es el hálito que alumbra una senda en el lenguaje para siempre. Es el escenario de las apariciones y de las desapariciones. El estilo es el claro que se hace en el lenguaje para desplegar "un friso de máscaras", es la voz que inscribe el mito propio, es ese jardín que se levanta en el reverso de los sueños.

El estilo es ese vacío inaugural, por el que el poeta se asemeja a un dios creador, buscando con su linterna entre las huellas de lo que no vuelve los designios del amor, los enigmas del tiempo y de la muerte, los sempiternos depredadores. Porque hay otro mundo, y está en el entramado de la memoria, en sus iluminaciones súbitas, en el laberinto del lenguaje.

A través de una docena de libros, Olga Orozco ha construido una de las constelaciones poéticas más originales de nuestra lengua cuyos rasgos distintivos exceden las clasificaciones a las que son tan proclives los críticos literarios. En efecto, ubicada dentro de la generación del cuarenta, a menudo se la vincula al neorromanticismo por su sensibilidad y al surrealismo por su caudal de imágenes, sus elementos oníricos, por la presencia de lo mágico en lo cotidiano. Si bien hay puntos de contacto con estas vertientes de la generación del cuarenta, la obra de Olga Orozco, con su ritmo oracular, de expansión contenida, de estructura rigurosa, presenta desde un comienzo un tono propio e inconfundible.

Así en *Desde lejos*, su primer libro, se invocan y evocan las presencias tutelares: la madre, la abuela, el hermano muerto y el paisaje de los médanos y la casa. Allí está para siempre "la niña de la soledad, buscando entre la lluvia de las alamedas el secreto del tiempo y del relámpago".

Si en el primero prevalece el tono elegíaco, en *Las muertes*, su segundo libro, aparece un cambio en el registro poético. Desfilan aquí, aquellos cuyo "destino fue fulmíneo como un tajo", una galería de muertes emblemáticas, la mayor parte de ellas tomadas de la literatura (Maldoror, James Waitt, Bartleby entre otras) o de las Sagradas Escrituras, como "El Pródigo", y que se cierra con la de la propia autora. El tono poético da cuenta del gesto alucinado, de la impostura, de la ciega pasividad, del ansia de infinito o de la desolación del amor. Para estos fantasmas que componen el gran mascarón del mito hay "una furiosa ley sin paz y sin amparo".

Según Victor Hugo, el creador que se asoma al promontorio de las tinieblas queda atrapado: "en ese crepúsculo distingue lo suficiente de la vida anterior y lo suficiente de la vida ulterior para tomar esos dos cabos de hilo oscuro y atar en ellos su alma...

"Se obstina en ese abismo atrayente, en ese sondeo de lo inexplorado, en ese desinterés por la tierra y por la vida, en esa entrada en lo prohibido, en ese esfuerzo para palpar lo impalpable, en esa mirada sobre lo invisible" y agrega luego:

"Guardar el libre albedrío en esa dilatación es ser grande. Pero por grande que uno sea, no resuelve los problemas. Abrumamos al abismo con preguntas. Nada más. En cuanto a las respuestas están ahí, pero mezcladas con la sombra. Los enormes contornos de las verdades parecen mostrarse un instante y luego vuelven a lo absoluto y en él se pierden". En esta descripción de Victor Hugo es posible reconocer el clima poético de *Los juegos peligrosos*: en efecto, aquí el lenguaje se tensa en la interrogación de lo arcano, se "desgarra la tela del presagio", se leen las cartas del tarot y la carta astral. Cartas de navegación hacia la otra orilla. Entramado de signos y señales que componen el anagrama del destino, la cifra del mundo, lo que ha sido, lo que es y lo que será. Pero el poeta desaparece en la palabra que enuncia, y sólo queda el hilo de su canto para recorrer el laberinto, para volver a unir, para remontar la caída y la memoria del origen. Allí, a tientas, la palabra es un eco de sí misma en la espiral de las correspondencias, en la ceguera de la página en blanco.

Este lenguaje de imágenes febriles, de resonancias oraculares, está presente en *Museo salvaje*. Las vísceras, el sexo, la cabeza, los ojos, los pies son escudriñados para desentrañar su secreto. El motivo es el cuerpo de la poeta: ese continente de clausura y exilio, ese traje para el ritual de la contingencia, ciega esfinge, que es, a imagen y semejanza, siempre "otro". Porque como decía Lezama Lima, lo enigmático es también carnal. Entonces, el cuerpo aparece como límite y como microcosmos, uno y múltiple a la vez transmutándose en el lenguaje con el ritmo de las mareas. Ritual del desdoblamiento que da paso a Berenice, la gata, el "tótem palpitante" con el que la poeta se identifica. En Berenice coinciden la acompañante cotidiana y la guardiana del umbral de las sombras. Es el animal tutelar que evoca la transmigración de las almas, las inefables genealogías del azar y el destino.

Este tono poético que se abre a "los vértigos del alma", a las súbitas iluminaciones y a la vastedad del abismo, se reconcentra a partir de *Mutaciones de la realidad:* la deslumbrante corriente nocturna alcanza su delta. Se vuelve sobre las propias huellas para hacer del lenguaje la morada de la memoria, para sustraer las posesiones y los trofeos a "la sombra veloz del tiempo" y la urdimbre implacable de la muerte. No se trata de hacer un balance sino de afirmar "la sede de la negación: /esta vieja cantera de codicias, /este inmenso ventisquero vampiro que se viste de luces con mi duelo". Metáforas como un vado para remontar el curso del tiempo.

Si bien la reflexión sobre la experiencia poética aparece en sus libros anteriores, a partir del poema "Densos velos te cubren, poesía", se vuelve una constante. Las palabras son ese puñado de polvo que apenas permite atisbar lo invisible, relámpagos que iluminan por un instante lo oscuro. Pero enseguida lo nombrado se aleja, y sólo quedan fragmentos a la deriva, "sombras de sombras," como se las llama en "En el final era el verbo", o la pregunta final del poema que da título al último libro publicado por Olga Orozco, "cómo nombrar en este mundo con esta sola boca ", cómo asir lo que encandila y atruena con esa red de ecos en la piedra.

Poesía que en este tramo del viaje interpela o se vuelve a veces invectiva contra la muerte y el tiempo como se observa en "Remo contra la noche" o en "Variaciones sobre el tiempo". La imagen del tapiz también es recurrente y da cuenta de lo que acecha en la matriz del destino, entramado al pie de la letra, encrucijada o lugar de paso que nos esperaba desde siempre.

Entonces es preciso desplegar los escenarios del tiempo, sus oleajes cambiantes: volver la mirada hacia el pasado para descubrir los signos del porvenir. Porque así opera la memoria, ese es su *tempo*: no es un friso de figuras inmóviles o un depósito de objetos perdidos sino el territorio de "las imprevistas alquimias". Así se preserva aquello que se sustrae a la fugacidad y a lo perecedero: "tu credencial de amor en la noche cerrada".

En "Cantata sombría", el poema que cierra *La noche a la deriva*, la muerte ya no es la instancia futura sino la intemperie cotidiana; frente a esta acechanza se vuelve la vista atrás y se acentúa la necesidad del inventario: "sé que ya no podré ser nunca la heroína de un rapto fulminante, /la bella protagonista de una fábula inmóvil [...] Se acabaron también los años que se medían por la rotación de los encantamientos". Así en esa mirada retrospectiva se consagra el mundo (al igual que la mujer de Lot, a la que se hace referencia en el último verso), esta orilla que la poeta se resiste a abandonar.

El tema del cuerpo aparece aquí también, pero a diferencia del fulgurante bestiario de *Museo salvaje* aquel es el rehén sombrío, "el frágil desertor obligatorio, la humilde morada donde el alma insondable se repliega". En el poema "El narrador", de *En el revés del cielo*, el cuerpo es comparado con un relato: es a la vez nudo y desenlace de la narración, encrucijada del deseo y peripecia del amor. Aquí también el cuerpo es concebido como opaco lugar de tránsito y como testigo del paso por el mundo en el que alienta un soplo de lo divino.

A esto se agrega la evocación del dolor en "Ésa es tu pena" o la vorágine del amor y su amargo desencanto en "El retoque final". Por esto es que *En el revés del cielo* es el testimonio del itinerario "de este lado" en la obra de Olga Orozco. Es, en cierto modo, donde se da cuenta más acabadamente de su "residencia en la tierra".

Inventario y recuento, decíamos, caracterizan este tramo de la poesía de Olga Orozco. El espacio poético es el territorio donde se contrabandean los trofeos que no se resignan ni al conciliábulo de las parcas, ni a los rápidos del tiempo.

Esta etapa alcanza su punto más alto, el más sombrío pero también el más lúcido en *Con esta boca, en este mundo*, su más reciente libro de poemas publicado.

"He dicho ya lo amado y lo perdido, /trabé con cada sílaba los bienes y los males que más temí perder." Escanción que exorciza pérdidas y olvidos.

Porque mientras que en "La cartomancia" se lee: "Y aún no es hora. Y habrá tiempo.", aquí el devenir se ha vuelto muro, espacio de clausura. Se cierran los paraísos prometidos, las personas amadas se han ido: "la muerte se parece al amor /en que ambos multiplican cada hora y lugar por una misma ausencia". Estaba escrito en "La cartomancia": "Vas a quedarte a oscuras, vas a quedarte a solas".

Las cartas están echadas y no hay apuesta posible. "Se nos precipitó la lejanía." Esas reverberaciones en espiral del tiempo recobrado también van a dar a la mar.

Entonces, cabe la pregunta del final de "Les jeux sont faits", el poema emblemático del libro: "¿cuál es en el recuento final, el verdadero, intocable destino?/¿El que quise y no fue?, ¿el que no quise y fue?"

¿Qué es lo que verdaderamente trama el laberinto del destino: el relámpago del deseo o lo que no abolió el azar? Así, el poema cierra con la invocación a la madre para que vuelva a fundar la casa y vuelva a contar la vida de la poeta.

Se trata, como bien lo señala Octavio Paz, de recrear el tiempo arquetípico, el tiempo original del mito. En el poema hay "un pasado que reengendra y reencarna. Y reencarna de dos maneras; en el momento de la creación poética, y después, como recreación, cuando el lector revive las imágenes del poeta y convoca de nuevo ese pasado que regresa. El poema es tiempo arquetípico, que se hace presente apenas unos labios repiten sus frases rítmicas".

Olga Orozco ha publicado dos libros de narraciones, *La oscuridad es otro sol* (1967) y *También la luz es un abismo* (1994). En ambos la narradora protagonista es Lía, una suerte de *alter ego*, máscara infantil de la poeta que recrea el paisaje prodigioso de la niñez y los personajes del entorno familiar y cotidiano: las hermanas Laura y María de las Nieves, la madre, el padre, la abuela, Alejandro, el hermano muerto, a los que se agrega una corte de personajes excéntricos como Nanni, el cantor, la Reina Genoveva o María Teo, la bruja.

Ambos libros son un correlato de su obra poética, de ese espacio fundante de las apariciones y desapariciones antes mencionado. Son el retablo de lo maravilloso, de lo sobrenatural, de la revelación metafísica a partir del paisaje cotidiano.

Cabe señalar, sin embargo, que *La oscuridad...* está ligado a ese movimiento de despliegue, de apertura hacia los territorios del misterio, de la interrogación febril donde el yo poético realiza la metamorfosis de sus máscaras, que es característico de la primera etapa de la obra de la poeta.

Mientras que *También la luz...* se inscribe en esa segunda instancia de su producción, en la que prevalecen la contención, el repliegue y una actitud de recuperación del pasado contra la acechanza de lo perecedero.

En el primer libro, la memoria es un gran *maelström*, una corriente vertiginosa y fundante. Así, en "Había una vez", el relato que abre el volumen, se instala el uno, el que cuenta, uno caleidoscópico que es a la vez todos. Se recorta el tiempo como un espejo multifacético y el espacio es la gran corriente del lenguaje. En la contigüidad de la lengua se abren infinitas puertas, en puro vértigo se cae "hacia el abismo del mismo cielo". En "Juegos a cara o cruz", el relato que cierra el libro, se presentan los rituales del extrañamiento, de la "otredad", como en el juego "de ser otra" y en el de "la invisible".

En el segundo, en cambio, podría decirse que la memoria, como el desierto, crece. Es "la desolación en forma de llanura". Es la distancia que hace posible la evocación, la acumulación de pertenencias, de objetos y personas, recuerdos: Santa Bárbara bendita, escrita en el cielo con relámpagos y centellas, la nevada, la mujer del sol, la iguana a la hora de la siesta, la Lora, los gitanos, las siniestras muñecas de la María Teo y la chocolatera dorada y las figuras de arcilla y la casa errante como los cardos rusos a lo largo de toda la vida y la piedra talismán de la despedida y sigue la enumeración para salvar la distancia, para que todo sea próximo y conocido. Porque seguirá "bañándose con todas sus pertenencias en el mismo río", "porque nunca podrá recuperar la inocencia por medio del olvido, porque una memoria indomable, ávida, feroz será su arma contra las contingencias del tiempo y de la muerte".

Esta selección de poemas es un trazado en un itinerario poético que es cifra del deseo y ola nocturna, donde coinciden el encantamiento y la revelación, la nostalgia del origen y la alquimia del lenguaje.

La poesía de Olga Orozco surge del desgarramiento, de la tensión entre el vacío y la plenitud, entre la elevación y la caída, entre la fascinación y la repulsión. Así se inscribe en esa corriente poética que iniciaron los románticos, que continúa con los padres malditos de la modernidad: Baudelaire, Rimbaud, Lautréamont, que abreva en las fronteras últimas de la inspiración, según los surrealistas, pero que también recoge la nostálgica ensoñación de Lubicz Milosz, la música secreta de los simbolistas, la venturosa transmigración del ángel de Rilke. Poesía que se sitúa entre la aventura y el orden, según la divisa de Apollinaire. Nace de esa brecha, de ese punto ciego que la emparenta con la experiencia de lo sagrado y con el erotismo. Como señala Octavio Paz hay en esa tensión, en ese movimiento "la nostalgia de la vida anterior que es presentimiento de la vida futura, que son aquí y ahora y se resuelven en un instante relampagueante".

Relámpagos de lo invisible es el recorte y el abordaje de esa constelación poética que no cede al torbellino de la palabra, ni a la fascinación del automatismo (allí la inspiración se parece a la esterilidad) sino que es consciente de esa exigencia profunda, la de Orfeo, por la que la sombra arrebatada a los infiernos es expuesta a la luz plena de la obra.

Una obra que sabe lo que se pierde, lo que resigna a la sombra, lo que no vuelve. Allí se realiza esa tarea de transmutación a la que alude Rilke: "Somos las abejas de lo invisible. Locamente libamos la miel de lo visible para acumularla en la gran colmena de oro de lo invisible. Nuestra tarea es impregnar de esta tierra provisoria y perecedera tan profundamente nuestro espíritu, con tanta pasión y paciencia, que su esencia resucite en nosotros invisibles".

El relámpago es la lámpara del instante según la etimología; es la sierpe, el trazo que en la superficie del cielo evoca, por un momento apenas, el laberinto en la tierra. Es el surco que labra en el lenguaje, es, como señalamos, el estilo que va tatuando en la lengua, el mito.

Por último, en estas líneas queremos dar cuenta de lo que provoca la lectura de los poemas de Olga Orozco: "ese estremecimiento inequívoco que son una invocación a la Diosa Blanca, la hermana del espejismo y el eco, la musa o madre de toda vida, bajo cuyos auspicios se encuentra el lenguaje mágico y original de la poesía".

Relámpagos de lo invisible es la celebración y el homenaje. Que sea motivo.

HORACIO ZABALJÁUREGUI

Buenos Aires, septiembre de 1997

De
Desde lejos
1946

a Eduardo Jorge Bosco

Quienes rondan la niebla

Siempre estarán aquí, junto a la niebla,
amargamente intactos en su paciente polvo que la sombra
[ha invadido,
recorriendo impasibles esa región de pena que se vuelve al
[poniente,
allá, donde el pájaro de la piedad canta sin cesar sobre la
[indiferencia del que duerme,
donde el amor reposa su gastado ademán sobre las hierbas
[cenicientas,
y el olvido es apenas un destello invernal desde otro reino.

Son los seres que fui los que me aguardan,
los que llegan a mí como a la débil hiedra doliente y amarilla
[que sostiene el verano.
Triste será el sendero para la última hoja demorada,
triste y conocido como la tiniebla.

¡Oh dulce y callada soledad temible!
¡Qué dispersos y fieles hijos de nuestra imagen
nos están conduciendo hacia el amanecer de las colinas!

Están aquí, reunidas alrededor del viento,
la niña clara y cruel de la alegría, coronada de flores
                                          [polvorientas,
la niña de los sueños, con su tierno cansancio de otro cielo
                                          [recién abandonado;
la niña de la soledad, buscando entre la lluvia de las alamedas
                           [el secreto del tiempo y del relámpago;
la niña de la pena, pálida y silenciosa,
contemplando sus manos que la muerte de un árbol
                                                    [oscurece;
la niña del olvido que llama, llama sin reposo sobre su
                                          [corazón adormecido,
junto a la niña eterna,
la piadosa y sombría niña de los recuerdos que contempla
                                          [borrarse una vez más,
bajo los desolados médanos,
la casa abandonada, amada por el grillo y por la enredadera;
y más cerca, como el rumor del musgo en las mejillas de
                           [aquella incierta niña de leyenda,
la niña del espanto que escucha, como antaño junto al muro
                                                    [derruido,
las lentas voces de los desaparecidos;
y allí, bajo sus pies,
las fugitivas niñas de la sombra que los atardeceres
                                                    [reconocen,
las mágicas amigas del matorral y de la piedra temerosa.

Yo conozco esos gestos,

esas dóciles máscaras con que la luz recubre cada día sus
[amargos desiertos.
¡Tanta fatiga inútil entre un golpe de viento y un resplandor
[de arena pasajera!

No es cierto, sin embargo,
que en el sitio donde el sufriente corazón restituye sus
[lágrimas al destino terrestre,
palideciendo acaso,
nos espere un gran sueño, pesado, irremediable.

Esperadme, esperadme, inasibles criaturas del rocío,
porque despertaré
y hermoso será subir, bajo idéntico tiempo,
las altas graderías de la ciudad del sol y las tormentas,
y repetir aún, sin desamparo, las radiantes edades que la
[tierra enamora.

Para Emilio en su cielo

Aquí están tus recuerdos:
este leve polvillo de violetas
cayendo inútilmente sobre las olvidadas fechas;
tu nombre,
el persistente nombre que abandonó tu mano entre las
                                                    [piedras;
el árbol familiar, su rumor siempre verde contra el vidrio;
mi infancia, tan cercana,
en el mismo jardín donde la hierba canta todavía
y donde tantas veces tu cabeza reposaba de pronto junto a
                                                    [mí,
entre los matorrales de la sombra.

Todo siempre es igual.
Cuando otra vez llamamos como ahora en el lejano muro:
todo siempre es igual.
Aquí están tus dominios, pálido adolescente:
la húmeda llanura para tus pies furtivos,
la aspereza del cardo, la recordada escarcha del amanecer,
las antiguas leyendas,

la tierra en que nacimos con idéntica niebla sobre el llanto.

—¿Recuerdas la nevada? ¡Hace ya tanto tiempo!
¡Cómo han crecido desde entonces tus cabellos!
Sin embargo, llevas aún sus efímeras flores sobre el pecho
y tu frente se inclina bajo ese mismo cielo
tan deslumbrante y claro.

¿Por qué habrás de volver acompañado, como un dios a su
                                        [mundo,
por algún paisaje que he querido?
¿Recuerdas todavía la nevada?

¡Qué sola estará hoy, detrás de las inútiles paredes,
tu morada de hierros y de flores!
Abandonada, su juventud que tiene la forma de tu cuerpo,
extrañará ahora tus silencios demasiado obstinados,
tu piel, tan desolada como un país al que sólo visitaran
                                    [cenicientos pétalos
después de haber mirado pasar, ¡tanto tiempo!,
la paciencia inacabable de la hormiga entre sus solitarias
                                             [ruinas.

Espera, espera, corazón mío:
no es el semblante frío de la temida nieve ni el del sueño
                                           [reciente.

Otra vez, otra vez, corazón mío:
el roce inconfundible de la arena en la verja,
el grito de la abuela,

la misma soledad, la no mentida,
y este largo destino de mirarse las manos hasta envejecer.

A solas con la tierra

Para desvanecer este pesado sitio
donde mi sangre encuentra a cada hora una misma
[extensión,
un idéntico tiempo ensombrecido por lágrimas y duelos,
me basta sólo un paso en esa gran distancia que separa la
[sombra de los cuerpos,
las cosas de una imagen en la que sólo habita el
[pensamiento.

Oh, duro es traspasar esos dominios de fatigosas hiedras
que se han ido enlazando a la profunda ramazón de los
[huesos,
resucitar del polvo el resplandor primero
de todo cuanto fueran recubriendo las distancias mortales,
y encontrarse, de pronto,
en medio de una antigua soledad que prolonga un desvelado
[mundo en los sentidos.

Como tierra abismada bajo la pesadumbre de indolentes
[mareas,

así me voy sumiendo, corazón hacia adentro,
en lentas invasiones de colores que ondean como telas
                        [flotantes entre los grandes vientos,
de voces, ¡tantas voces!, descubriendo, con sus largos oleajes,
países sepultados en el sopor más hondo del olvido,
de perfumes que tienden un halo transparente
alrededor del pálido y secreto respirar de los días,
de estaciones que pasan por mi piel lo mismo que a través
                           [de tenues ventanales
donde vagas visiones se inclinan en la brisa como en una
                                 [dichosa melodía.

Mi tiempo no es ahora un recuerdo de gestos marchitos,
                          [desasidos,
ni un árido llamado que asciende ásperamente las raídas
                               [cortezas
sin encontrar más sitio que su propio destierro entre
                               [los ecos,
ni un sueño detenido por pesados sudarios a la orilla de un
                             [pecho irrevocable;
es un clamor perdido debajo del quejoso brotar de las raíces,
una edad que podría reconquistar paciente sus edades
por las nudosas vetas que crecen en los árboles remotos,
al correr de los años.

Ya nada me rodea.
No. Que nadie se acerque.
Ya nadie me recobra con un nombre que tuve
—una extraña palabra tan invariable y vana—

ahora, cuando a solas con la tierra, en idéntico anhelo,
la luz nos va envolviendo como a yertos amantes cuyos
                                                    [labios
no consigue borrar ni la insaciable tiniebla de la muerte.

La casa

Temible y aguardada como la muerte misma
se levanta la casa.
No será necesario que llamemos con todas nuestras
[lágrimas.
Nada. Ni el sueño, ni siquiera la lámpara.

Porque día tras día
aquellos que vivieron en nosotros un llanto contenido hasta
[palidecer
han partido,
y su leve ademán ha despertado una edad sepultada,
todo el amor de las antiguas cosas a las que acaso dimos, sin
[saberlo,
la duración exacta de la vida.

Ellos nos llaman hoy desde su amante sombra,
reclinados en las altas ventanas
como en un despertar que sólo aguarda la señal convenida
para restituir cada mirada a su propio destino;

y a través de las ramas soñolientas el primer huésped de la
                                    [memoria nos saluda:
el pájaro del amanecer que entreabre con su canto las
                                    [lentísimas puertas
como a un arco del aire por el que penetramos a un clima
                                    [diferente.

Ven. Vamos a recobrar ese paciente imperio de la dicha
lo mismo que a un disperso jardín que el viento recupera.

Contemplemos aún los claros aposentos,
las pálidas guirnaldas que mecieron una noche estival,
las aéreas cortinas girando todavía en el halo de la luz como
                                    [las mariposas de la lejanía,
nuestra imagen fugaz
detenida por siempre en los espejos de implacable destierro,
las flores que murieron por sí solas para rememorar el fulgor
                                    [inmortal de la melancolía,
y también las estatuas que despertó, sin duda a nuestro paso,
ese rumor tan dulce de la hierba;
y perfumes, colores y sonidos en que reconocemos un
                                    [instante del mundo;
y allá, tan sólo el viento sedoso y envolvente
de un día sin vivir que abandonamos, dormidos sobre el aire.

Nadie pudo ver nunca la incesante morada
donde todo repite nuestros nombres más allá de la tierra.
Mas nosotros sabemos que ella existe, como nosotros
                                    [mismos,

por el sólo deseo de volver a vivir, entre el afán del polvo y
                                              [la tristeza,
aquello que quisimos.

Nosotros lo sabemos porque a través del resplandor
                                                    [nocturno
el porvenir se alzó como una nube del último recinto,
el oculto, el vedado,
con nuestra sombra eterna entre la sombra.

Acaso lo sabían ya nuestros corazones.

Cabalgata del tiempo

Inútil. Habrá de ser inútil, nuevamente,
suspender de la noche, sobre densas corrientes de follaje,
la imagen demorada de un porvenir que alienta en la
                                                    [memoria;
penetrar en el ocio de los días que fueron dibujando con
                                                    [terror y paciencia
la misma alucinada realidad que hoy contemplo,
ya casi en la mirada;
repetir todavía con una voz que siento pesar entre mis
                                                    [manos:
—Alguna vez estuve, quizás regrese aún, a orillas de la paz,
como una flor que mira correr su bello tiempo junto al
                                                    [brazo de un río.

Todo ha de ser en vano.
Manadas de caballos ascenderán bravías las pendientes de su
                                                    [infierno natal
y escucharé su paso acompasado, su trote, su galope salvaje,
atravesando siglos y siglos de penumbra,
de sumisas distancias que irremediablemente los
                                                    [conducen aquí.

Tal vez sería dulce reconquistar ahora una música antigua,
profunda y persistente como el eco de un grito entre los
[sueños,
sumirse bajo el verde sopor de las llanuras
o morir con la lluvia, tristemente,
entre ramos llorosos que sombrearan viejísimas paredes.

Imposible. Sólo un fragor inmenso de ruinas sobre ruinas.
Es el desesperado retornar de los tiempos que no fueron
[cumplidos
ni en gloria de la vida ni en verdad de la muerte.
Es la amarga plegaria que levantan los ángeles rebeldes
llamando a cada sitio donde pueda morar su dios
[irrecobrable.
Es el tropel continuo de sus lucientes potros enlutados
que asoman a las puertas de la noche la llamarada enorme de
[sus greñas,
que apagan con mortajas de vapor y de polvo toda muda
[tiniebla,
agitando sus colas como lacios crespones entre la tempestad.
La sangre arrepentida, sus heroicas desdichas.

Y nada queda en ti, corazón asediado:
apenas si un color, si un brillo mortecino,
si el sagrado mensaje que dejara la tierra entre tus muros,
se pierden, a lo lejos,
bajo un mismo compás idéntico y glorioso como la
[eternidad.

De
Las muertes
1952

Las muertes

He aquí unos muertos cuyos huesos no blanqueará la lluvia,
lápidas donde nunca ha resonado el golpe tormentoso de la
[piel del lagarto,
inscripciones que nadie recorrerá encendiendo la luz de
[alguna lágrima;
arena sin pisadas en todas las memorias.
Son los muertos sin flores.
No nos legaron cartas, ni alianzas, ni retratos.
Ningún trofeo heroico atestigua la gloria o el oprobio.
Sus vidas se cumplieron sin honor en la tierra,
mas su destino fue fulmíneo como un tajo;
porque no conocieron ni el sueño ni la paz en los infames
[lechos vendidos por la dicha,
porque sólo acataron una ley más ardiente que la ávida gota
[de salmuera.
Ésa y no cualquier otra.
Ésa y ninguna otra.
Por eso es que sus muertes son los exasperados rostros de
[nuestra vida.

Gail Hightower

No quería más que paz y pagué sin regatear
el precio que me pidieron.
WILLIAM FAULKNER: *Luz de agosto*

Yo fui Gail Hightower,
Pastor y alucinado,
para todos los hombres un maldito
y para Dios ¡quién sabe!
Mi vida no fue amor, ni piedad, ni esperanza.
Fue tan sólo la dádiva salvaje que alimentó el reinado de un
[fantasma.
Todos mis sacrilegios, todos mis infortunios,
no fueron más que el precio de una misma ventana en cada
[atardecer.
¿Qué aguardaba allí el réprobo? ¿Qué paz lo remunera?
Un zumbido de insectos fermentando en la luz como en un
[fruto,
la armonía de un coro sostenido por la expiación y la
[violencia,

y después el estruendo de una caballería que alcanza entre
              [los tiempos ese único instante en que el cielo y
              [la tierra se abismaron como por un relámpago;
esa gloria fulmínea que arde entre el estampido de una bala y
                          [el trueno de un galope.
Aquélla fue la muerte de mi abuelo.
Aquél es el momento en que yo,
Gail Hightower veinte años antes de mi nacimiento,
soy todo lo que fui:
un ciego remolino que alienta para siempre en la aridez de
                         [aquella polvareda.
¿Qué perdón, qué condena,
alumbrarán el paso de una sombra?

Carina

Yo morí de un corazón hecho cenizas.
CROMMELYNCK: *Carina*

Adiós, gacela herida.
Tu corazón manando dura nieve es ahora más frío que la
                        [corola abierta en la escarcha del lago.
Déjame entre las manos el último suspiro
para envolver en cierzo el desprecio que rueda por mi cara,
el asco de mirar la cenagosa piel del día en que me quedo.
Duerme, Carina, duerme,
allá, donde no seas la congelada imagen de toda tu desdicha,
ese cielo caído en que te abismas cuando muere la gloria del
                                           [amor,
y al que la misma muerte llegará ya cumplida.
Tu soledad me duele como un cuerpo violado por el crimen.
Tu soledad: un poco de cada soledad.
No. Que no vengan las gentes.
Nadie limpie su llanto en el sedoso lienzo de tu sombra.
¿Quién puede sostener siquiera en la memoria esa estatua
                                    [sin nadie donde caes?

¿Con qué vano ropaje de inocencia ataviarían ellos tu salvaje
[pureza?
¿En qué charca de luces mortecinas verían esconderse el
[rostro de tu amor consumido en sí mismo como el fuego?
¿Desde qué innoble infierno medirían la sagrada vergüenza
[de tu sangre?
Siempre los mismos nombres para tantos destinos.
Y aquel a quien amaste,
el que entreabrió los muros por donde tu pasado huye sin
[detenerse como por una herida,
sólo puede morder el polvo de tus pasos,
y llorar, nada más que llorar con las manos atadas,
llorar sobre los nudos del arrepentimiento.
Porque no resucitan a la luz de este mundo los días que
[apagamos.
No hablemos de perdón. No hablemos de indulgencia.
Esos pálidos hijos de los renunciamientos,
esos reyes con ojos de mendigo contando unas monedas en
[el desván raído de los sueños,
cuando todo ha caído
y la resignación alza su canto en todos los exilios.
Duerme, Carina, duerme,
triste desencantada,
amparada en tu muerte más alta que el desdén,
allá, donde no eres el deslumbrante luto que guardas por ti
[misma,
sino aquella que rompe la envoltura del tiempo
y dice todavía:
Yo no morí de muerte, Federico,
morí de un corazón hecho cenizas.

Maldoror

¡Ay! ¿Qué son pues el bien y el mal? ¿Son una
misma cosa por la que testimoniamos con
rabia nuestra impotencia y la pasión de
alcanzar el infinito hasta por los medios más
insensatos?

LAUTRÉAMONT: *Los cantos de Maldoror*

Tú, para quien la sed cabe en el cuenco exacto de la mano,
no mires hacia aquí.
No te detengas.
Porque hay alguien cuyo poder corromperá tu dicha,
ese trozo de espejo en que te encierras envuelto en un
[harapo deslumbrante del cielo.
Se llamó Maldoror
y desertó de Dios y de los hombres.
Entre todos los hombres fue elegido para infierno de Dios
y entre todos los dioses para condenación de cada hombre.
Él estuvo más solo que alguien a quien devuelven de la
[muerte para ser inmortal entre los vivos.

¿Qué fue de aquel a cuyo corazón se enlazaron las furias con
                                    [brazos de serpiente,
del que saltó los muros para acatar las leyes de las bestias,
del que bebió en la sangre un veneno sediento,
del que no durmió nunca para impedir que un prado celeste
                          [le invadiera la mirada maldita,
del que quiso aspirar el universo como una bocanada de
                                    [cenizas ardiendo?
No es castigo,
ni es sueño,
ni puñado de polvo arrepentido.
Del vaho de mi sombra se alza a veces la centelleante
     [máscara de un ángel que vuelve en su caballo alucinado a
                                    [disputar un reino.
Él sacude mi casa,
me desgarra la luz como antaño la piel de los adolescentes,
y roe con su lepra la tela de mis sueños.
Es Maldoror que pasa.
Hasta el fin de los siglos levantará su canto rebelde contra
                                    [el mundo.
Su paso es una llaga sobre el rostro del tiempo.

El Pródigo

Aquí hay un tibio lecho de perdón y condenas
 —injurias del amor—
para la insomne rebeldía del Pródigo.
Sí. Otra vez como antaño alguien se sobrecoge cuando la
        [soledad asciende con un canto radiante por los muros,
y el aliento remoto de lo desconocido le recorre la piel lo
                    [mismo que la cresta de una ola salvaje.
"Levántate. Es la hora en que serás eterno."
Y otra vez como antaño alguien corta sin lágrimas unas
                [ajadas cintas que lo ataban al cuadro familiar
y sepulta una llave bajo el ácido musgo del olvido.
Detrás queda una casa en donde su memoria será sombra y
                                    [relámpago.
Él probará otros frutos más amargos que el llanto de la
                                    [madre,
arderá en otras fiebres cuyas cóleras ciegas aniquilen la
                                    [maldición del padre,
despertará entre harapos más brillantes que el codicioso
                        [imperio del hermano.

¿Hay algún sitio aún donde la libertad levante para él su
[desafío?
Allí está su respuesta: una furiosa ley sin paz y sin amparo.
Pero noche tras noche,
mientras la sed, el hambre y el deseo dormitan junto al fuego
[como errantes mendigos que soñaran una fábula
[espléndida,
otras escenas vuelven tras el cristal brumoso de su llanto
y un solo rostro surge desde el fondo de los gastados rostros
lo mismo que el monarca a través de la herrumbre de las
[viejas monedas.
Es el antiguo amor.
El elegido ahora cuando el Pródigo torna a rescatar la llave
[de la casa.
Ha pagado su precio con el mismo sudario de un gran
[sueño.
¡Oh redes, duras redes que intentáis contener el viento de
[setiembre:
permitidle pasar!
No vino por perdón: no le obliguéis a expiar con el orgullo.
No vino por condena: no le obliguéis a amar con
[indulgencia.
Otra vez como antaño sólo vino con un ramo de ofrendas
[a cambio de otros dones.
No haya más juez que tú,
Dios implacable y justo.

Olga Orozco

Yo, Olga Orozco, desde tu corazón digo a todos que muero.
Amé la soledad, la heroica perduración de toda fe,
el ocio donde crecen animales extraños y plantas fabulosas,
la sombra de un gran tiempo que pasó entre misterios y
                                 [entre alucinaciones,
y también el pequeño temblor de las bujías en el anochecer.
Mi historia está en mis manos y en las manos con que otros
                                       [las tatuaron.
De mi estadía quedan las magias y los ritos,
unas fechas gastadas por el soplo de un despiadado amor,
la humareda distante de la casa donde nunca estuvimos,
y unos gestos dispersos entre los gestos de otros que no me
                                     [conocieron.
Lo demás aún se cumple en el olvido,
aún labra la desdicha en el rostro de aquella que se buscaba
        [en mí igual que en un espejo de sonrientes praderas,
y a la que tú verás extrañamente ajena:
mi propia aparecida condenada a mi forma de este mundo.
Ella hubiera querido guardarme en el desdén o en el orgullo,
en un último instante fulmíneo como el rayo,

no en el túmulo incierto donde alzo todavía la voz ronca y
[llorada
entre los remolinos de tu corazón.
No. Esta muerte no tiene descanso ni grandeza.
No puedo estar mirándola por primera vez durante tanto
[tiempo.
Pero debo seguir muriendo hasta tu muerte
porque soy tu testigo ante una ley más honda y más oscura
[que los cambiantes sueños,
allá, donde escribimos la sentencia:
"Ellos han muerto ya.
Se habían elegido por castigo y perdón, por cielo y por
[infierno.
Son ahora una mancha de humedad en las paredes del
[primer aposento".

De
Los juegos peligrosos
1962

Lo eterno es uno,
pero tiene muchos nombres.
RIG VEDA

La cartomancia

Oye ladrar los perros que indagan el linaje de las sombras,
óyelos desgarrar la tela del presagio.
Escucha. Alguien avanza
y las maderas crujen debajo de tus pies como si huyeras sin
                                    [cesar y sin cesar llegaras.
Tú sellaste las puertas con tu nombre inscripto en las
                                    [cenizas de ayer y de mañana.
Pero alguien ha llegado.
Y otros rostros te soplan el rostro en los espejos
donde ya no eres más que una bujía desgarrada,
una luna invadida debajo de las aguas por triunfos y
                                                    [combates,
por helechos.

Aquí está lo que es, lo que fue, lo que vendrá, lo que puede
                                                    [venir.
Siete respuestas tienes para siete preguntas.
Lo atestigua tu carta que es el signo del Mundo:
a tu derecha el Ángel,
a tu izquierda el Demonio.

¿Quién llama?, ¿pero quién llama desde tu nacimiento hasta
                                        [tu muerte
con una llave rota, con un anillo que hace años fue
                                        [enterrado?
¿Quiénes planean sobre sus propios pasos como una
                                [bandada de aves?
Las Estrellas alumbran el cielo del enigma.
Mas lo que quieres ver no puede ser mirado cara a cara
porque su luz es de otro reino.
Y aún no es hora. Y habrá tiempo.

Vale más descifrar el nombre de quien entra.
Su carta es la del Loco, con su paciente red de cazar
                                        [mariposas.
Es el huésped de siempre.
Es el alucinado Emperador del mundo que te habita.
No preguntes quién es. Tú lo conoces
porque tú lo has buscado bajo todas las piedras y en todos
                                        [los abismos
y habéis velado juntos el puro advenimiento del milagro:
un poema en que todo fuera ese todo y tú
—algo más que ese todo—.
Pero nada ha llegado.
Nada que fuera más que estos mismos estériles vocablos.
Y acaso sea tarde.

Veamos quién se sienta.
La que está envuelta en lienzos y grazna mientras hila
                                        [deshilando tu sábana

tiene por corazón la mariposa negra.
Pero tu vida es larga y su acorde se quebrará muy lejos.
Lo leo en las arenas de la Luna donde está escrito el viaje,
donde está dibujada la casa en que te hundes como una
[estría pálida
en la noche tejida con grandes telarañas por tu Muerte
[hilandera.
Mas cuídate del agua, del amor y del fuego.

Cuídate del amor que es quien se queda.
Para hoy, para mañana, para después de mañana.
Cuídate porque brilla con un brillo de lágrimas y espadas.
Su gloria es la del Sol, tanto como sus furias y su orgullo.
Pero jamás conocerás la paz,
porque tu Fuerza es fuerza de tormentas y la Templanza
[llora de cara contra el muro.
No dormirás del lado de la dicha,
porque en todos tus pasos hay un borde de luto que presagia
[el crimen o el adiós,
y el Ahorcado me anuncia la pavorosa noche que te fue
[destinada.

¿Quieres saber quién te ama?
El que sale a mi encuentro viene desde tu propio corazón.
Brillan sobre su rostro las máscaras de arcilla y corre bajo su
[piel la palidez de todo solitario.
Vino para vivir en una sola vida un cortejo de vidas y de
[muertes.
Vino para aprender los caballos, los árboles, las piedras,

y se quedó llorando sobre cada vergüenza.
Tú levantaste el muro que lo ampara, pero fue sin querer la
                              [Torre que lo encierra:
una prisión de seda donde el amor hace sonar sus llaves de
                              [insobornable carcelero.
En tanto el Carro aguarda la señal de partir:
la aparición del día vestido de Ermitaño.
Pero no es tiempo aún de convertir la sangre en piedra de
                              [memoria.
Aún estáis tendidos en la constelación de los Amantes,
ese río de fuego que pasa devorando la cintura del tiempo
                              [que os devora,
y me atrevo a decir que ambos pertenecéis a una raza de
                              [náufragos que se hunden sin salvación y sin consuelo.

Cúbrete ahora con la coraza del poder o del perdón,
                              [como si no temieras,
porque voy a mostrarte quién te odia.
¿No escuchas ya batir su corazón como un ala sombría?
¿No la miras conmigo llegar con un puñal de escarcha a tu
                              [costado?
Ella, la Emperatriz de tus moradas rotas,
la que funde tu imagen en la cera para los sacrificios,
la que sepulta la torcaza en tinieblas para entenebrecer el aire
                              [de tu casa,
la que traba tus pasos con ramas de árbol muerto,
                              [con uñas en menguante, con palabras.
No fue siempre la misma, pero quienquiera que sea es ella
                              [misma,

pues su poder no es otro que el ser otra que tú.
Tal es su sortilegio.
Y aunque el Cubiletero haga rodar los dados sobre la mesa
[del destino,
y tu enemiga anude por tres veces tu nombre en el cáñamo
[adverso,
hay por lo menos cinco que sabemos que la partida es vana,
que su triunfo no es triunfo
sino tan sólo un cetro de infortunio que le confiere el Rey
[deshabitado,
un osario de sueños donde vaga el fantasma del amor que
[no muere.

Vas a quedarte a oscuras, vas a quedarte a solas.
Vas a quedarte en la intemperie de tu pecho para que hiera
[quien te mata.
No invoques la Justicia. En su trono desierto se asiló la
[serpiente.
No trates de encontrar tu talismán de huesos de pescado,
porque es mucha la noche y muchos tus verdugos.
Su púrpura ha enturbiado tus umbrales desde el amanecer
y han marcado en tu puerta los tres signos aciagos
con espadas, con oros y con bastos.
Dentro de un círculo de espadas te encerró la crueldad.
Con dos discos de oro te aniquiló el engaño de párpados de
[escamas.
La violencia trazó con su vara de bastos un relámpago azul
[en tu garganta.
Y entre todos tendieron para ti la estera de las ascuas.

He aquí que los Reyes han llegado.
Vienen para cumplir la profecía.
Vienen para habitar las tres sombras de muerte que
[escoltarán tu muerte
hasta que cese de girar la Rueda del Destino.

Para hacer un talismán

Se necesita sólo tu corazón
hecho a la viva imagen de tu demonio o de tu dios.
Un corazón apenas, como un crisol de brasas para la
                                        [idolatría.
Nada más que un indefenso corazón enamorado.
Déjalo a la intemperie,
donde la hierba aúlle sus endechas de nodriza loca
y no pueda dormir,
donde el viento y la lluvia dejen caer su látigo en un golpe
                                        [de azul escalofrío
sin convertirlo en mármol y sin partirlo en dos,
donde la oscuridad abra sus madrigueras a todas las jaurías
y no logre olvidar.
Arrójalo después desde lo alto de su amor al hervidero de la
                                        [bruma.
Ponlo luego a secar en el sordo regazo de la piedra,
y escarba, escarba en él con una aguja fría hasta arrancar el
                                        [último grano de esperanza.
Deja que lo sofoquen las fiebres y la ortiga,
que lo sacuda el trote ritual de la alimaña,

que lo envuelva la injuria hecha con los jirones de sus
                                        [antiguas glorias.
Y cuando un día un año lo aprisione con la garra de un siglo,
antes que sea tarde,
antes que se convierta en momia deslumbrante,
abre de par en par y una por una todas sus heridas:
que las exhiba al sol de la piedad, lo mismo que el mendigo,
que plaña su delirio en el desierto,
hasta que sólo el eco de un nombre crezca en él con la furia
                                        [del hambre:
un incesante golpe de cuchara contra el plato vacío.

Si sobrevive aún,
si ha llegado hasta aquí hecho a la viva imagen de tu
                                        [demonio o de tu dios;
he ahí un talismán más inflexible que la ley,
más fuerte que las armas y el mal del enemigo.
Guárdalo en la vigilia de tu pecho igual que a un centinela.
Pero vela con él.
Puede crecer en ti como la mordedura de la lepra;
puede ser tu verdugo.
¡El inocente monstruo, el insaciable comensal de tu muerte!

Si me puedes mirar

Madre: es tu desamparada criatura quien te llama,
quien derriba la noche con un grito y la tira a tus pies como
[un telón caído
para que no te quedes allí, del otro lado,
donde tan sólo alcanzas con tus manos de ciega a descifrarme
[en medio de un muro de fantasmas hechos de arcilla ciega.
Madre: tampoco yo te veo,
porque ahora te cubren las sombras congeladas del menor
[tiempo y la mayor distancia,
y yo no sé buscarte,
acaso porque no supe aprender a perderte.
Pero aquí estoy, sobre mi pedestal partido por el rayo,
vuelta estatua de arena,
puñado de cenizas para que tú me inscribas la señal,
los signos con que habremos de volver a entendernos.
Aquí estoy, con los pies enredados por las raíces de mi
[sangre en duelo,
sin poder avanzar.
Búscame entonces tú, en medio de este bosque alucinado
donde cada crujido es tu lamento,

donde cada aleteo es un reclamo de exilio que no entiendo,
donde cada cristal de nieve es un fragmento de tu eternidad,
y cada resplandor, la lámpara que enciendes para que no me
                              [pierda entre las galerías de este mundo.
Y todo se confunde.
Y tu vida y tu muerte se mezclan con las mías como las
                                        [máscaras de las pesadillas.
Y no sé dónde estás.
En vano te invoco en nombre del amor, de la piedad o del
                                                        [perdón,
como quien acaricia un talismán,
una piedra que encierra esa gota de sangre coagulada capaz
                    [de revivir en el más imposible de los sueños.
Nada. Solamente una garra de atroces pesadumbres que
                              [descorre la tela de otros años
descubriendo una mesa donde partes el pan de cada día,
un cuarto donde alisas con manos de paciencia esos pliegues
                    [que graban en mi alma la fiebre y el terror,
un salón que de pronto se embellece para la ceremonia
                                        [de mirarte pasar
rodeada por un halo de orgullosa ternura,
un lecho donde vuelves de la muerte sólo por no
                                        [dolernos demasiado.
No. Yo no quiero mirar.
No quiero aprender otra vez el nombre de la dicha en el
          [momento mismo en que roen su rostro los enormes
                                                  [agujeros,
ni sentir que tu cuerpo detiene una vez más esa desesperada
                                        [marea que lo lleva,

una vez más aún,
para envolverme como para siempre en consuelo y adiós.
No quiero oír el ruido del cristal trizándose,
ni los perros que aúllan a las vendas sombrías,
ni ver cómo no estás.
Madre, madre, ¿quién separa tu sangre de la mía?,
¿qué es eso que se rompe como una cuerda tensa golpeando
                                    [las entrañas?,
¿qué gran planeta aciago deja caer su sombra sobre todos
                                    [los años de mi vida?
¡Oh, Dios! Tú eras cuanto sabía de ese olvidado país de
                                    [donde vine,
eras como el amparo de la lejanía,
como un latido en las tinieblas.
¿Dónde buscar ahora la llave sepultada de mis días?
¿A quién interrogar por el indescifrable misterio
                                    [de mis huesos?
¿Quién me oirá si no me oyes?
Y nadie me responde. Y tengo miedo.
Los mismos miedos a lo largo de treinta años.
Porque día tras día alguien que se enmascara juega en mí a
                                    [las alucinaciones y a la muerte.
Yo camino a su lado y empujo con su mano esa última
                                    [puerta,
esa que no logró cerrar mi nacimiento
y que guardo yo misma vestida con un traje de centinela
                                    [funerario.

¿Sabes? He llegado muy lejos esta vez.

Pero en el coro de voces que resuenan como un mar
[sepultado
no está esa voz de hoja sombría desgarrada siempre por el
[amor o por la cólera;
en esas procesiones que se encienden de pronto como
[bujías instantáneas
no veo iluminarse ese color de espuma dorada por el sol;
no hay ninguna ráfaga que haga arder mis ojos con tu olor a
[resina;
ningún calor me envuelve con esa compasión que infundiste
[a mis huesos.
Entonces, ¿dónde estás?, ¿quién te impide venir?
Yo sé que si pudieras acariciarías mi cabeza de huérfana.
Y sin embargo sé también que no puedes seguir siendo tú
[sola,
alguien que persevera en su propia memoria,
la embalsamada a cuyo alrededor giran como los cuervos
[unos pobres jirones de luto que alimenta.
Y aunque cumplas la terrible condena de no poder estar
[cuando te llamo,
sin duda en algún lado organizas de nuevo la familia,
o me ordenas las sombras,
o cortas esos ramos de escarcha que bordan tu regazo para
[dejarlos a mi lado cualquier día,
o tratas de coser con un hilo infinito la gran lastimadura de
[mi corazón.

Para destruir a la enemiga

Mira a la que avanza desde el fondo del agua borrando el día
                              [con sus manos,
vaciando en piedra gris lo que tú destinabas a memoria de
                                        [fuego,
cubriendo de cenizas las más bellas estampas prometidas
                              [por las dos caras de los sueños.
Lleva sobre su rostro la señal:
ese color de invierno deslumbrante que nace donde mueres,
esas sombras como de grandes alas que barren desde
                    [siempre todos los juramentos del amor.

Cada noche, a lo lejos, en esa lejanía donde el amante
      [duerme con los ojos abiertos a otro mundo adonde nunca
                                        [llegas,
ella cambia tu nombre por el ruido más triste de la arena;
tu voz, por un sollozo sepultado en el fondo de la canción
                              [que nadie ya recuerda;
tu amor, por una estéril ceremonia donde se inmola el
                              [crimen y el perdón.
Cada noche, en el deshabitado lugar adonde vuelves,

ella pone a secar la cifra de tu edad al bajar la marea,
o cose con el hilo de tus días la noche del adiós,
o prepara con el sabor del tiempo más hermoso ese turbio
                              [brebaje que paladeas en la soledad,
ese ardiente veneno que otros llaman nostalgia
y que tan lentamente transforma el corazón en un puñado
                              [de semillas amargas.

No la dejes pasar.
Apaga su camino con la hoguera del árbol partido por el
                              [rayo.
Arroja su reflejo donde corran las aguas para que nunca
                              [vuelva.
Sepulta la medida de su sombra debajo de tu casa para que
                              [por su boca la tierra la reclame.
Nómbrala con el nombre de lo deshabitado.
Nómbrala.
Nómbrala con el frío y el ardor,
con la cera fundida como una nieve sucia donde cae la
                              [forma de su vida,
con las tijeras y el puñal,
con el rastro de la alimaña herida sobre la piedra negra,
con el humo del ascua,
con la fosa del imposible amor abierta al rojo vivo en su
                              [costado,
con la palabra de poder
nómbrala y mátala.

Y no olvides sepultar la moneda.

Hacia arriba la noche bajo el pesado párpado del invierno
[más largo.
Hacia abajo la efigie y la inscripción:
"Reina de las espadas,
Dama de las desdichas,
Señora de las lágrimas:
en el sitio en que estés con dos ojos te miro,
con tres nudos te ato,
la sangre te bebo
y el corazón te parto."

Si miras otra vez en el fondo del vaso,
sólo verás ahora una descolorida cicatriz cuyos bordes se
[cierran donde se unen las aguas,
pero pueden abrirse en otra herida, adonde nadie sabe.

Porque ella te fue anunciada en el séptimo día,
—en el día primero de tu culpa—,
y asumiste su nombre con el tuyo,
con los nombres vacíos, con el amor y con el número,
con el mismo collar de sal amarga que anuda la condena a tu
[garganta.

Sol en Piscis

Solamente los muertos conocen el reverso de las piedras.
Solamente las piedras conocen el reverso de los muertos.
Lo sé.
A veces las estatuas vuelven a abrir en mí ciertas heridas
o toman el color de las acusaciones que me impiden dormir.
Pero hay pruebas que nadie quiere ver.
Se atribuyen al tiempo, a las tormentas,
a la sombra de pájaro con que los días se alzan o se dejan
                                    [caer sobre la tierra.
Nadie quiere pensar que hay muchas muertes por cada
                                    [corazón.
Tantas como muertos nos lloren.
Tantas como piedras los sigan lamentando.

Existe una canción que entre todos levantan desde los fríos
                                    [labios de la hierba.
Es un grito de náufragos que las aguas propagan borrando
                                    [los umbrales para poder pasar,
una ráfaga de alas amarillas,
un gran cristal de nieve sobre el rostro,

la consigna del sueño para la eternidad del centinela.

¿Dónde están las palabras?
¿Dónde está la señal que la locura borda en sus tapices a la
[luz del relámpago?
Escarba, escarba donde más duela en tu corazón.
Es necesario estar como si no estuvieras.

He aquí el pequeño guijarro recogido para la gran memoria.
De este lado no es más que un pedazo de lápida sin
[inscripción alguna.
Y sin embargo desde allá es como un talismán que abre las
[puertas de mi vida.
Por sus meandros azules llego a veces más allá de mis venas:
cerraduras que giran contra la misteriosa rotación de los
[años,
vértigos de continuas despedidas que ahora me despiden
[a través de mis lágrimas de entonces,
hasta ser nada más que una cinta brillante,
un fulgor que ilumina ese fondo de abismo donde caigo
[hacia el fondo del cielo,
tan ávido como el tambor que invoca las tormentas.

Heroína de miserias, balanceándote ahora casi al borde de tu
[alma,
no mires hacia atrás, no te detengas,
mientras arde a lo lejos la galería de las apariencias,
las máscaras del sueño que labraste sobre ciegas cortezas
[para poder vivir.

A solas con tu nombre, contra el portal resplandeciente,
a solas con la herida del exilio desde tu nacimiento,
a solas con tu canción y tu bujía de sonámbula para
                    [alumbrar los rostros de los desenterrados;
porque ésa es la ley.
A solas con la luna que arrastra en las mareas del más alto
                            [jardín de la memoria
un rumor de leyendas desgarradas por la crueldad de la
                            [distancia:
"Cuando llegues del otro lado de ti misma
podrás reconocer el puñal que enterraste para que tú
                    [vinieras despojada de todo poderío.
Si avanzas más allá
encontrarás la fórmula que yace bajo los centelleos de todos
                            [los delirios.
Si consigues pasar
alcanzarás la Rueda que avanza hacia el poniente."

Pero no hay arma alguna que arrebate a mi vida su
                            [inocencia,
ni retablo enterrado en cuyo espejo de oro se abran las
                            [flores de otros mundos,
ni carruaje que avance con el rayo.
Sin embargo, esta palabra sin formular,
cerrada como un aro alrededor de mi garganta,
ese ruido de tempestad guardada entre dos muros,
esas huellas grabadas al rojo vivo en las fosforescencias de la
                            [arena,

conducen a este círculo de cavernas salvajes
a las que voy llegando después de consumir cada vida y su
[muerte.
Celdas tornasoladas del adiós para siempre, para nunca,
y cada una se abre hacia las otras con la fisura de una gran
[nostalgia
por donde pasa el soplo de los siglos,
la mariposa gris que envuelve con sus nieblas al huésped
[solitario,
a ese que ya fui o al que no he sido en este y otros mundos.
El que entreteje sus coronas con la ceniza de la tierra,
el que reluce con cabeza de león como un sol heráldico
[entre las tinieblas,
el que sueña conmigo como con una cárcel de muros
[transparentes,
esta que soy queriendo guardar la eternidad en el polvo de
[cada sonrisa,
el que se cubre con ropajes de águila para volar más lejos
[que la mirada de los hombres,
los que habitan aquí o en otro lado lejos de las investiduras
[de la sangre
y no puedo nombrar,
y el que rescatará la coraza de luz
—su día levantado palmo a palmo con la noche de los
[otros—
para cruzar la última puerta del arcano.

Oh sombra de claridad sobre mi rostro,
relámpago entrevisto desde el fondo del agua:

tu signo está grabado sobre todas las frentes para la
                              [ceremonia de la duración,
para la travesía de todos los recintos en cuyo fondo te alzas
                      [como una llamarada de la gran añoranza,
como los espejismos de un perdido país anunciado por el
                                            [sueño y la sed,
el miedo y la nostalgia,
y el insaciable tiempo que llevamos de migración en
                                            [migración
como una brasa que quema demasiado.

Todos los grandes vértigos del alma nacen del otro lado de
                                            [las piedras.

Desdoblamiento en máscara de todos

Lejos,
de corazón en corazón,
más allá de la copa de niebla que me aspira desde el fondo
                                          [del vértigo,
siento el redoble con que me convocan a la tierra de nadie.
(¿Quién se levanta en mí?
¿Quién se alza del sitial de su agonía, de su estera de zarzas,
y camina con la memoria de mi pie?)
Dejo mi cuerpo a solas igual que una armadura de
                                  [intemperie hacia adentro
y depongo mi nombre como un arma que solamente hiere.
(¿Dónde salgo a mi encuentro
 con el arrobamiento de la luna contra el cristal de todos los
                                              [albergues?)
Abro con otras manos la entrada del sendero que no sé
                                            [adónde da
y avanzo con la noche de los desconocidos.
(¿Dónde llevaba el día mi señal,
pálida en su aislamiento,
la huella de una insignia que mi pobre victoria arrebataba al
                                              [tiempo?)

Miro desde otros ojos esta pared de brumas
en donde cada uno ha marcado con sangre el jeroglífico de
[su soledad,
y suelta sus amarras y se va en un adiós de velero fantasma
[hacia el naufragio.
(¿No había en otra parte, lejos, en otro tiempo,
una tierra extranjera,
una raza de todos menos uno, que se llamó la raza de los
[otros,
un lenguaje de ciegos que ascendía en zumbidos y en
[burbujas hasta la sorda noche?)
Desde adentro de todos no hay más que una morada bajo
[un friso de máscaras;
desde adentro de todos hay una sola efigie que fue inscripta
[en el revés del alma;
desde adentro de todos cada historia sucede en todas partes:
no hay muerte que no mate,
no hay nacimiento ajeno ni amor deshabitado.
(¿No éramos el rehén de una caída,
una lluvia de piedras desprendida del cielo,
un reguero de insectos tratando de cruzar la hoguera del
[castigo?)
Cualquier hombre es la versión en sombras de un Gran Rey
[herido en su costado.

Despierto en cada sueño con el sueño con que Alguien
[sueña el mundo.
Es víspera de Dios.
Está uniendo en nosotros sus pedazos.

De
Museo salvaje
1974

Génesis

No había ningún signo sobre la piel del tiempo.
Nada. Ni ese tapiz de invierno repentino que presagia las
                    [garras del relámpago quizás hasta mañana.
Tampoco esos incendios desde siempre que anuncian una
                    [antorcha entre las aguas de todo el porvenir.
Ni siquiera el temblor de la advertencia bajo un soplo de
                    [abismo que desemboca en nunca o en ayer.
Nada. Ni tierra prometida.
Era sólo un desierto de cal viva tan blanca como negra,
un ávido fantasma nacido de las piedras para roer el sueño
                                        [milenario,
la caída hacia afuera que es el sueño con que sueñan las
                                        [piedras.
Nadie. Sólo un eco de pasos sin nadie que se alejan
y un lecho ensimismado en marcha hacia el final.

Yo estaba allí tendida;
yo, con los ojos abiertos.
Tenía en cada mano una caverna para mirar a Dios,

y un reguero de hormigas iba desde su sombra hasta mi
                                    corazón y mi cabeza.

Y alguien rompió en lo alto esa tinaja gris donde subían a
                                    [beber los recuerdos;
después rompió el prontuario de ciegos juramentos heridos
                                    [a traición
y destrozó las tablas de la ley inscritas con la sangre
                                    [coagulada de las historias muertas.
Alguien hizo una hoguera y arrojó uno por uno los
                                    [fragmentos.
El cielo estaba ardiendo en la extinción de todos los
                                    [infiernos
y en la tierra se borraban sus huellas y sus pruebas.
Yo estaba suspendida en algún tiempo de la expiación
                                    [sagrada;
yo estaba en algún lado muy lúcido de Dios;
yo, con los ojos cerrados.
Entonces pronunciaron la palabra.

Hubo un clamor de verde paraíso que asciende desgarrando
                                    [la raíz de la piedra,
y su proa celeste avanzó entre la luz y las tinieblas.
Abrieron las compuertas.
Un oleaje radiante colmó el cuenco de toda la esperanza aún
                                    [deshabitada,
y las aguas tenían hacia arriba ese color de espejo
                                    [en el que nadie se ha mirado jamás,

y hacia abajo un fulgor de gruta tormentosa que mira desde
[siempre por primera vez.
Descorrieron de pronto las mareas.
Detrás surgió una tierra para inscribir en fuego cada pisada
[del destino,
para envolver en hierba sedienta la caída y el reverso de cada
[nacimiento,
para encerrar de nuevo en cada corazón la almendra del
[misterio.
Levantaron los sellos.
La jaula del gran día abrió sus puertas al delirio del sol
con tal que todo nuevo cautiverio del tiempo fuera
[deslumbramiento en la mirada,
con tal que toda noche cayera con el velo de la revelación a
[los pies de la luna.
Sembraron en las aguas y en los vientos.
Y desde ese momento hubo una sola sombra sumergida en
[mil sombras,
un solo resplandor innominado en esa luz de escamas que
[ilumina hasta el fin la rampa de los sueños.
Y desde ese momento hubo un borde de plumas
[encendidas desde la más remota lejanía,
unas alas que vienen y se van en un vuelo de adiós a todos
[los adioses.
Infundieron un soplo en las entrañas de toda la extensión.
Fue un roce contra el último fondo de la sangre;
fue un estremecimiento de estambres en el vértigo del aire;
y el alma descendió al barro luminoso para colmar la forma
[semejante a su imagen,

y la carne se alzó como una cifra exacta,
como la diferencia prometida entre el principio y el final.

Entonces se cumplieron la tarde y la mañana
en el último día de los siglos.

Yo estaba frente a ti;
yo, con los ojos abiertos debajo de tus ojos
en el alba primera del olvido.

Lamento de Jonás

Este cuerpo tan denso con que clausuro todas las salidas,
este saco de sombras cosido a mis dos alas
no me impide pasar hasta el fondo de mí:
una noche cerrada donde vienen a dar todos los espejismos
[de la noche,
unas aguas absortas donde moja sus pies la esfinge de otro
[mundo.

Aquí suelo encontrar vestigios de otra edad,
fragmentos de panteones no disueltos por la sal de mi
[sangre,
oráculos y faunas aspirados por las cenizas de mi porvenir.
A veces aparecen continentes en vuelo, plumas de otros
[ropajes sumergidos;
a veces permanecen casi como el anuncio de la resurrección.

Pero es mejor no estar.
Porque hay trampas aquí.
Alguien juega a no estar cuando yo estoy

o me observa conmigo desde las madrigueras de cada
                                                    [soledad.
Alguien simula un foso entre el sueño y la piel para que me
                    [deslice hasta el último abismo de los otros
o me induce a escarbar debajo de mi sombra.

Es difícil salir.
Me tapian con un muro que solamente corre hacia nunca
                                                    [jamás;
me eligen para morir la duración;
me anudan a las venas de un organismo ciego que me
                              [exhala y me aspira sin cesar.

Y el corazón, en tanto,
¿en dónde el corazón,
el tambor de nostalgias que convoca en tinieblas a todos los
                                                    [relevos?
Por no hablar de este cuerpo,
de este guardián opaco que me transporta y me retiene
y me arroja consigo en una náusea desde los pies a la cabeza.

Soy mi propio rehén,
el pausado veneno del verdugo,
el pacto con la muerte.

¿Y quién ha dicho acaso que éste fuera un lugar para mí?

En la rueda solar

Cada ojo en el fondo es una cripta donde se exhuma el sol,
donde brilla la luna sobre la piedra roja del altar
erigida entre espejos y entre alucinaciones.
Yo asisto cada día con los ojos abiertos al sacrificio de la
                                                    [resurrección,
a la alquimia del oro en aguas estancadas.
Es difícil mirar con la sustancia misma de la luz filtrada por
                                                    [la tierra del destierro;
es imposible ver quién se levanta y anda entre malezas
desde estos dos fragmentos arrancados a la cantera de la
                                                    [eternidad.
Uno al lado del otro en su prisión de nácar,
en su evasión de nubes y de lágrimas;
uno ajeno del otro,
sometidos a ciegas a la ley de la alianza en la separación,
fabulan la distancia, la envoltura de cada desencuentro, la isla
                                                    [que no soy.
¿Y acaso no me acechan desde el fondo de todo cuanto
                                                    [miro igual que a una extranjera?
¿No me dejan a solas con su estuche de nieblas,

lo mismo que a un rehén,
contra la trampa abierta en la espalda del mundo?
¡Extraña esta custodia que permite avanzar al enemigo
                                    [transparente
y retiene hacia adentro este insondable vacío de caverna!
No tiene explicación esta córnea con piel de escalofrío,
con avaricia de ostra que incuba al mismo tiempo su
                                    [misterio y el cuchillo final;
tampoco es razonable este iris que tiembla como una flor
                                    [al borde del abismo,
que destella y se apaga lo mismo que un relámpago de tigres,
que se acerca y se aleja semejante a una selva sumergida en
                                    [un ala de insecto.
¿Y la pupila, entonces?
¿Quién puede descifrar esta pupila cautiva entre cristales,
este túnel contráctil siempre alerta a la inminencia a solas,
esta palpitación a medias con la muerte?
¡Basta, mirada de fisura, incesante mirada de pólipo en
                                    [tinieblas!
Es otra vez el mismo tembladeral de aguas voraces,
la misma negra rampa circular que me pierde hacia adentro.
Es otra vez el mismo recinto central adonde caigo
arrastrando un telón sobre la lejanía,
entreabriendo la escena donde los personajes son una sola
                                    [máscara de Dios.
Es otra vez el mismo centinela que dice que no estoy,
la misma luz de espada que me empuja hacia afuera hasta el
                                    [revés de mí,

hasta la ciega condena de estos ojos que me impiden mirar
y que sólo atestiguan la división debajo de estos párpados.

El sello personal

Estos son mis dos pies, mi error de nacimiento,
mi condena visible a volver a caer una vez más bajo las
                           [implacables ruedas del zodíaco,
si no logran volar.
No son bases del templo ni piedras del hogar.
Apenas si dos pies, anfibios, enigmáticos,
remotos como dos serafines mutilados por la desgarradura
                                     [del camino.
Son mis pies para el paso,
paso a paso sobre todos los muertos,
remontando la muerte con punta y con talón,
cautivos en la jaula de esta noche que debo atravesar y corre
                                     [junto a mí.
Pies sobre brasas, pies sobre cuchillos,
marcados por el hierro de los diez mandamientos:
dos mártires anónimos tenaces en partir,
dispuestos a golpear en las cerradas puertas del planeta
y a dejar su señal de polvo y obediencia como una huella
                                     [más,
apenas descifrable entre los remolinos que barren el umbral.

Pies dueños de la tierra,
pies de horizonte que huye,
pulidos como joyas al aliento del sol y al roce del guijarro:
dos pródigos radiantes royendo mi porvenir en los huesos
[del presente,
dispersando al pasar los rastros de ese reino prometido
que cambia de lugar y se escurre debajo de la hierba a
[medida que avanzo.
¡Qué instrumentos ineptos para salir y para entrar!
Y ninguna evidencia, ningún sello de predestinación bajo
[mis pies,
después de tantos viajes a la misma frontera.
Nada más que este abismo entre los dos,
esta ausencia inminente que me arrebata siempre hacia
[adelante,
y este soplo de encuentro y desencuentro sobre cada pisada.
¡Condición prodigiosa y miserable!
He caído en la trampa de estos pies
como un rehén del cielo o del infierno que se interroga en
[vano por su especie,
que no entiende sus huesos ni su piel,
ni esta perseverancia de coleóptero solo,
ni este tam-tam con que se le convoca a un eterno retorno.
¿Y adónde va este ser inmenso, legendario, increíble,
que despliega su vivo laberinto como una pesadilla,
aquí, todavía de pie,
sobre dos fugitivos delirios de la espuma, debajo del diluvio?

Mi fósil

Guárdame, duro armazón tallado por la muerte en el polvo
[de Adán.
Pliégame a la obediencia,
incrústame otra vez en lo visible con esas nervaduras de
[terror
que delatan mi número incompleto, mi especie miserable.
Apenas me retienes por un lazo de sombra debajo de los
[pies,
apenas por un jirón de luz helada entre los dientes,
y no obstante persevero contigo en el desierto contra la voz
[que clama,
me aferro como a un mástil contra el ciclón de plumas que
[me aspira,
me adhiero como un náufrago al tablón que corre hacia el
[abismo.
Porque eres aún la encrucijada,
las gradas hasta el fin y la escalera rota,
ese extraño lugar donde se alían la maldición y el exorcismo.
Te han arrojado aquí
para que me enseñaras con tu duro evangelio la salida.

Te han encerrado a oscuras
para que me acecharas con mi propio fantasma sin remedio.
Te han jugado a perderme.
Te han prometido el sol de mi destierro,
mi feroz horizonte replegado debajo de la hierba,
la sábana de espumas en alguna intemperie en que no estoy.
Y tú en paz con tus huesos,
como momia de perro en el museo donde empieza mi
                                        [infierno.

Sí, tú, mi Acrópolis de sal,
mi pregunta de nube sepultada,
mi respuesta de cera,
mi patíbulo errante lavado por las olas de una misma
                                        [sentencia.

Duro brillo, mi boca

Como una grieta falaz en la apariencia de la roca, como un sello traidor fraguado por la malicia de la carne, esta boca que se abre inexplicable en pleno rostro es un destello apenas de mi abismo interior, una pálida muestra de sucesivas fauces al acecho de un trozo de incorporable eternidad.

Casi no se diría con los labios cerrados. Más bien sólo un error, un soplo de otra especie en la obra incompleta. Y de pronto un desliz, un relámpago acaso, un salto de animal que descorre los bordes del paisaje sobre la sumergida inmensidad, y se enciende el peligro y estalla la amenaza. Un lugar de barbarie bajo el fulgor lunar.

Dientes como blancura tenebrosa, verdugos alineados en feroces fronteras al filo de la luz, amuletos de viva hechicería erigidos en piedras para la inmolación; y en su sitial el monstruo palpitante, el ídolo cautivo, la leviatán de felpa, esta oficiante anfibia debatiéndose a ciegas desde su raigambre hasta las nervaduras de su propio sabor, de mi dulzona insipidez.

¿Quién hablaba de bocas celestiales para la eucaristía, para el trasvasamiento con los ángeles?

Me adhiero por mi boca a las posibles venas del planeta, extraigo la sustancia de mi día y mi noche en las arterias de la perduración, y sólo paladeo brebajes y alimentos adulterados por el latido contagioso de la muerte.

¡Ah, me repugna esta voracidad vampira de inocencias, esta sobrevivencia siempre colmada y siempre insatisfecha bajo la mordedura de los tiempos!

¡Y esta risa, con retazos de huesos que iluminan la exhumación a medias de mi cara final! ¡Tanto exceso en la fatua, innoble alegoría!

¡Y tanta ambivalencia en esta boca, bajo el signo de la carencia y la embriaguez, bajo los dobles nudos ceñidos por el amor y el aislamiento!

¿Aquí no empieza acaso ese *maelström* ardiente que arrebata los cuerpos y trueca los alientos y aspira el corazón de cada uno hasta el fondo del otro corazón, y que a veces devuelve sólo un grano de sal, un jirón de intemperie en medio del invierno?

Y un poco más acá de lo visible, debajo de esta lengua que celebra el silencio y escarba en la prohibida oscuridad, ¿no comienzan también las canteras del verbo, las roncas fundiciones de la poesía, el acceso a las altas transparencias que hacen palidecer la pregunta y la respuesta?

Duro brillo, este oráculo mudo.

De
Cantos a Berenice
1977

I

Si la casualidad es la más empeñosa jugada del destino,
alguna vez podremos interrogar con causa a esas escoltas de
                                              [genealogías
que tendieron un puente desde tu desamparo hasta mi exilio
y cerraron de golpe las bocas del azar.
Cambiaremos panteras de diamante por abuelas de trébol,
dioses egipcios por profetas ciegos,
garra tenaz por mano sin descuido,
hasta encontrar las puntas secretas del ovillo que devanamos
                                              [juntas
y fue nuestro pequeño sol de cada día.
Con errores o trampas,
por esta vez hemos ganado la partida.

II

No estabas en mi umbral
ni yo salí a buscarte para colmar los huecos que fragua la
                                        [nostalgia
y que presagian niños o animales hechos con la sustancia de
                                        [la frustración.
Viniste paso a paso por los aires,
pequeña equilibrista en el tablón flotante sobre un foso de
                                        [lobos
enmascarado por los andrajos radiantes de febrero.
Venías condensándote desde la encandilada transparencia,
probándote otros cuerpos como fantasmas al revés,
como anticipaciones de tu eléctrica envoltura
—el erizo de niebla,
el globo de lustrosos vilanos encendidos,
la piedra imán que absorbe su fatal alimento,
la ráfaga emplumada que gira y se detiene alrededor de un
                                        [ascua,
en torno de un temblor—.
Y ya habías aparecido en este mundo,
intacta en tu negrura inmaculada desde la cara hasta la cola,

más prodigiosa aún que el gato de Cheshire,
con tu porción de vida como una perla roja brillando entre
[los dientes.

V

Tú reinaste en Bubastis
con los pies en la tierra, como el Nilo,
y una constelación por cabellera en tu doble del cielo.
Eras hija del Sol y combatías al malhechor nocturno
—fango, traición o topo, roedores del muro del hogar, del
                                        [lecho del amor—,
multiplicándote desde las enjoyadas dinastías de piedra
hasta las cenicientas especies de cocina,
desde el halo del templo, hasta el vapor de las marmitas.
Esfinge solitaria o sibila doméstica,
eras la diosa lar y alojabas un dios, como una pulga insomne,
en cada pliegue, en cada matorral de tu inefable anatomía.
Aprendiste por las orejas de Isis o de Osiris
que tus nombres eran Bastet y Bast y aquel otro que sabes
(¿o es que acaso una gata no ha de tener tres nombres?);
pero cuando las furias mordían tu corazón como un panal
                                        [de plagas
te inflabas hasta alcanzar la estirpe de los leones
y entonces te llamabas Sekhet, la vengadora.

Pero también, también los dioses mueren para ser
                                        [inmortales
y volver a encender, en un día cualquiera, el polvo y los
                                        [escombros.
Rodó tu cascabel, su música amordazada por el viento.
Se dispersó tu bolsa en las innumerables bocas de la arena.
Y tu escudo fue un ídolo confuso para la lagartija y el
                                        [ciempiés.
Te arroparon los siglos en tu necrópolis baldía
—la ciudad envuelta en vendas que anda en las pesadillas
                                        [infantiles—,
y porque cada cuerpo es tan sólo una parte del inmenso
                                        [sarcófago de un dios,
eras apenas tú y eras legión sentada en el suspenso,
simplemente sentada,
con tu aspecto de estar siempre sentada vigilando el umbral.

X

Sí, tú, mi otra yo misma en la horma hechizada de otra piel
ceñida al memorial del rito y la pereza.
No fetiche, donde crujen con alas de langosta los espíritus
[puestos a secar;
no talismán, como una estrella ajena engarzada en la proa
[de la propia tiniebla;
no amuleto, para aventar los negros semilleros del azar;
no gato en su función de animal gato;
sino tú, el tótem palpitante en la cadena rota de mi clan.
¡Ese vínculo como un intercambio de secretos en plena
[combustión!
¡Ese soplo recíproco infundiendo las señales del mal, las
[señales del bien,
en cada tiempo y a cualquier distancia!
¡Esas suertes ligadas bajo el lacre y los sellos de todos los
[destinos!
¿No guardabas acaso mi alma ensimismada como una
[tromba azul entre tus siete vidas?
¿No custodiaba yo tus siete vidas,
semejantes a un nocturno arco iris en mi espacio interior?

Y este rumor y ese gorgoteo,
este remoto chorro de burbujas soterradas
y ese ronco zumbido de abejorro en suspenso entre los
                              [laberintos de tu sangre,
¿no serían acaso mi mantra más oculto y tu indecible nombre
y la palabra perdida que al rehacerse rehace con plumas
                              [blancas la creación?

XII

¡Y hay quien dice que un gato no vale ni la mitad de un
[perro muerto!
Yo atestiguo por tu vigilia y tus ensalmos al borde de mi
[lecho,
curandera a mansalva y arma blanca;
por tu silencio que urde nuestro código con tinta
[incandescente,
escriba en las cambiantes temporadas del alma;
por tu lenguaje análogo al del vaticinio y el secreto,
traductora de signos dispersos en el viento;
por tu paciencia frente a puertas que caen como lápidas
[rotas,
intérprete del oráculo imposible;
por tu sabiduría para excavar la noche y descubrir sus presas
[y sus trampas,
oficiante en las hondas catacumbas del sueño;
por tus ojos cerrados abiertos al revés de toda trama,
vidente ensimismada en el vuelo interior;
por tus orejas como abismos hechizados bajo los sortilegios
[de la música,

prisionera en las redes de luciérnagas que entretejen los
[ángeles;
por tu pelambre dulce y la caricia semejante a la hierba de
[setiembre,
amante de los deslizamientos de la espuma en acecho;
por tu cola que traza las fronteras entre tus posesiones y los
[reinos ajenos,
princesa en su castillo a la deriva en el mar del momento;
por tu olfato de leguas para medir los pasos de mi ausencia,
triunfadora sobre los espejismos, el eco y la tiniebla;
por tu manera de acercarte en dos pies para no avergonzar
[mi extraña condición,
compañera de tantas mutaciones en esta centelleante
[rotación de quince años.
No atestiguo por ti en ninguna zoológica subasta
donde serías siempre la extranjera.
Apuesto por tus venas anudadas al enigmático torbellino de
[otros astros.

XV

¡Imágenes falaces! ¡Laberintos erróneos los sentidos!
¡Anagramas intransferibles para nombrar la múltiple y exigua
[realidad!
Cada cuerpo encerrado en su Babel sin traducción desde su
[nacimiento.
Tú también en el centro de un horizonte impar, pequeño y
[desmedido.
¿Cómo era tu visión?
¿Era azul el jardín y la noche el bostezo fosforescente de
[una iguana?
¿Tenían una altura de aves migratorias mis zapatos?
¿Los zócalos comunicaban con andenes secretos que
[llevaban al mar?
¿La música que oías era una aureola blanca
semejante a un incendio en el edén de los niños perdidos en
[el bosque?
¿O era un susurro de galaxias perfumadas en la boca
[del viento?
¿Bebían de tu respiración la esponja palpitante y el insaciable
[pan?

¿Había en cada mueble un rehén sideral cuyos huesos
                              [crujían por volver a vivir?
¿Cada objeto era un ídolo increíble que reclamaba su óbolo,
su cucharada de aceite luminoso desde el amanecer?
¿Olfateabas la luna en la cebolla y la tormenta en el espejo?
¿Crecían entre tú y yo inmensos universos transparentes?
¿El mundo era una fiesta de polillas ebrias adentro de una
                              [nuez?
¿O era una esfera oscura que encerraba sucesivas esferas
                              [hasta el fin,
allí, donde estabas soñando con crecientes esferas como
                              [cielos para tu soledad?
¡Inútil cuestionario!
Las preguntas se inscriben como tu dentellada en el alfabeto
                              [de la selva.
Las respuestas se pierden como tus pasos de algodón en los
                              [panteones del recuerdo.

XVII

Aunque se borren todos nuestros rastros igual que las bujías
                                    [en el amanecer
y no puedas recordar hacia atrás, como la Reina Blanca,
déjame en el aire la sonrisa.
Tal vez seas ahora tan inmensa como todos mis muertos
y cubras con tu piel noche tras noche la desbordada noche
                                    [del adiós:
un ojo en Achernar, el otro en Sirio,
las orejas pegadas al muro ensordecedor de otros planetas,
tu inabarcable cuerpo sumergido en su hirviente ablución,
en su Jordán de estrellas.
Tal vez sea imposible mi cabeza, ni un vacío mi voz,
algo menos que harapos de un idioma irrisorio mis palabras.
Pero déjame en el aire la sonrisa:
la leve vibración que azogue un trozo de este cristal de
                                    [ausencia,
la pequeña vigilia tatuada en llama viva en un rincón,
una tierna señal que horade una por una las hojas de este
                                    [duro calendario de nieve.
Déjame tu sonrisa

a manera de perpetua guardiana,
Berenice.

De
Mutaciones de la realidad
1979

Presentimientos en traje de ritual

Llegan como ladrones en la noche.
Fuerzan las cerraduras
y hacen aparecer esas puertas que se abren en un error del
[muro
y solamente indican la clausura hacia afuera.
Es un manojo de alas que aturde en el umbral.
Entran con una antorcha para incendiar el bosque
[sumergido en la almohada,
para disimular las ramas que encandilan desde el fondo del
[ojo,
los pájaros insomnes, con su brizna de fuego arrebatada al
[fuego de los dioses.
Es una zarza ardiendo entre la lumbre,
un crisol donde vuelcan el oro de mis días para acuñar la
[llave que lo encierra.
Me saquean a ciegas,
truecan una comarca al sol más vivo por un puñado impuro
[de tinieblas,
arrasan algún trozo del cielo con la historia que se inscribe en
[la arena.

Es una bocanada que asciende a borbotones desde el fondo
[de todo el porvenir.
Hurgan con frías uñas en el costado abierto por la misma
[condena,
despliegan como vendas las membranas del alma,
hasta tocar la piedra que late con el brillo de la profanación.
Es una vibración de insectos prisioneros en el fragor de la
[colmena,
un zumbido de luz, unas antenas que raspan las entrañas.
Entonces la insoluble sustancia que no soy,
esa marea a tientas que sube cuando bajan los tigres en el
[alba,
tapiza la pared,
me tapia las ventanas,
destapa los disfraces del verdugo que me mata mejor.
Me arrancan de raíz.
Me embalsaman en estatua de sal a las puertas del tiempo.

Soy la momia traslúcida de ayer convertida en oráculo.

Remo contra la noche

a V. E. L.

Apaga ya la luz de ese cuchillo, madrastra de las sombras.
No necesito luces para mirar en el abismo de mi sangre,
en el naufragio de mi raza.
Apágala, te digo;
apágala contra tu propia cara con este soplo frío con que
[vuela mi madre.
Y tú, criatura ciega, no dejes escapar la soga que nos lleva.

Yo remonto la noche junto a ti.
Voy remando contigo desde tu nacimiento
con un fardo de espinas y esta campana inútil en las manos.

Están sordos allá.
Ninguna pluma de ángel,
ningún fulgor del cielo hemos logrado con tantas
[migraciones arrancadas al alma.

Nada más que este viaje en la tormenta

a favor de unas horas inmóviles en ti, usurera del alba;
nada más que este insomnio en la corriente,
por un puñado de ascuas,
por un par de arrasados corazones,
por un jirón de piel entre tus dientes fríos.

Pequeño, tú vuelves a nacer.
Debes seguir creciendo mientras corre hacia atrás la borra
                                        [de estos años,
y yo escarbo la lumbre en el tapiz
donde algún paso tuyo fue marcado por un carbón aciago,
y arranco las raíces que te cubren los pies.

Hay tanta sombra aquí por tan escasos días,
tantas caras borradas por los harapos de la dicha
para verte mejor,
tantos trotes de lluvias y alimañas en la rampa del sueño
para oírte mejor,
tantos carros de ruinas que ruedan con el trueno
para moler mejor tus huesos y los míos,
para precipitar la bolsa de guijarros en el despeñadero de la
                                        [bruma
y ponernos a hervir,
lo mismo que en los cuentos de la vieja hechicera.

Pequeño, no mires hacia atrás: son fantasmas del cielo.
No cortes esa flor: es el rescoldo vivo del infierno.
No toques esas aguas: son tan sólo la sed que se condensa
                                [en lágrimas y en duelo.

No pises esa piedra que te hiere con la menuda sal de todos
[estos años.
No pruebes ese pan porque tiene el sabor de la memoria y
[es áspero y amargo.
No gires con la ronda en el portal de las apariciones,
no huyas con la luz, no digas que no estás.

Ella trae una aguja y un puñal,
tejedora de escarchas.
Te anuda para bordar la duración o te arrebata al filo de un
[relámpago.
Se esconde en una nuez,
se disfraza de lámpara que cae en el desván o de puerta que
[se abre en el estanque.
Corroe cada edad,
convierte los espejos en un nido de agujeros,
con los dientes veloces para la mordedura como un
[escalofrío,
como el anuncio de tu porvenir en este día que detiene el
[pasado.

Señora, el que buscas no está.
Salió hace mucho tiempo de cara a la avaricia de la luz,
y esa espalda obstinada de pródigo sin padres para el regreso
[y el perdón,
y esos pies indefensos con que echaba a rodar las últimas
[monedas.
¿A quién llamas, ladrona de miserias?

El ronquido que escuchas es tan sólo el del trueno perdido
[en el jardín
y esa respiración es el jadeo de algún pobre animal que
[escarba la salida.
No hay ninguna migaja para ti, roedora de arenas.
Este frío no es tuyo.
Es un frío sin nadie que se dejó olvidado no sé quién.

Criatura, esta es sólo una historia de brujas y de lobos,
estampas arrancadas al insomnio de remotas abuelas.
Y ahora, ¿adónde vas con esta soga inmóvil que nos lleva?
¿Adónde voy en esta barca sola contra el revés del cielo?
¿Quién me arroja desde mi corazón como una piedra ciega
[contra oleajes de piedra
y abre unas roncas alas que restallan igual que una bandera?

Silencio. Está pasando la nieve de otro cuento entre tus
[dedos.

Rehenes de otro mundo

a Vincent Van Gogh,
a Antonin Artaud,
a Jacobo Fijman

Era un pacto firmado con la sangre de cada pesadilla,
una simulación de durmientes que roen el peligro en un
[hueso de insomnio.
Prohibido ir más allá.
Sólo el santo tenía la consigna para el túnel y el vuelo.
Los otros la mordaza, las vendas y el castigo.
Entonces había que acatar a los guardianes desde el fondo
[del foso.
Había que aceptar las plantaciones que se pierden de vista al
[borde de los pies.
Había que palpar a ciegas las murallas que separan al
[huésped y al perseguidor.
Era la ley del juego en el salón cerrado:
las apuestas a medias hasta perder la llave
y unas puertas que se abren cuando ruedan los últimos
[dados de la muerte.

Y ellos se adelantaron de un salto hasta el final,
con sus altas coronas.
Quemaron los telones,
arrancaron de cuajo los árboles del bosque,
rompieron hasta el fondo las membranas para poder pasar.
Fue una chispa sagrada en el infierno,
la ráfaga de un cielo sepultado en la arena,
la cabeza de un dios que cae dando tumbos entre un rayo y
                                                    [el trueno.
Y después no hubo más.
Nada más que las llamas, el polvo y el estruendo,
iguales para siempre, cada vez.
Pero esa misma mano mordida por la trampa rozó la
                                                    [eternidad,
esa misma pupila trizada por la luz fue un fragmento del sol,
esas sílabas rotas en la boca fueron por un instante la
                                                    [palabra.
Ellos eran rehenes de otro mundo, como el carro de Elías.
Pero estaban aquí,
cayendo,
desasidos.

Continente vampiro

No acerté con los pies sobre las huellas de mi ángel
                                              [guardián.
Yo, que tenía tan bellos ojos en mi estación temprana,
no he sabido esquivar este despeñadero del destino que
                                              [camina conmigo,
que se viste de luz a costa de mi desnudez y de mis duelos
y que extiende su reino a fuerza de usurpaciones y rapiñas.

Es como un foso en marcha
al acecho de un paso en el vacío,
unas fauces que absorben esas escasas gotas de licor que
                                              [dispensan los dioses,
un maldito anfiteatro en el que el viento aspira el porvenir
                                              [de la heroína
y lo arroja a los leones
—su oro resonando al caer, grada tras grada, con sonido de
                                              [muerte,
como suena el recuento al revés de toda gracia—.

Pegado a mis talones,

adherido a mis días como un cáncer a la urdimbre del
                                        [tiempo,
tan fiel como el país natal o el sedimento ciego de mi
                                        [herencia,
no sólo se apodera de mis más denodadas, inseparables
                                        [posesiones,
sino que se adelanta con su sombra veloz al vuelo de mi
                                        [mano
y hasta se precipita contra el cristal azul que refleja el
                                        [comienzo de un deseo.

A veces, muchas veces,
me acorrala contra el fondo de la noche cerrada, inapelable,
y despliega su cola, su abanico fastuoso como el rayo de un
                                        [faro,
y exhibe uno por uno sus tesoros
—pedrerías hirientes a la luz de mis lágrimas—:
la casa dibujada con una tiza blanca en todos los paraísos
                                        [prometidos;
los duendes con sombreros de paja disipando la niebla en el
                                        [jardín;
pedazos de inocencia para armar algún día su radiante
                                        [cadáver;
mi abuela y Berenice en los altos desvanes de las aventuras
                                        [infantiles;
mis padres, mis amigos, mis hermanos, brillando como
                            [lámparas en el túnel de las alamedas;
vitrales de los grandes amores arrancados a la catedral de la
                                        [esperanza;

ropajes de la dicha doblados para otra vez en el arcón sin
                                            [fondo;
las barajas del triunfo entresacadas de unos naipes marcados;
y piedras prodigiosas, estampas iluminadas y ciudades como
                                    [luciérnagas del bosque,
todo, todo, sobre una red de telarañas rojas
que son en realidad caminos que se cruzan con las venas
                                            [cortadas.

No hablo aquí de ganancias y de pérdidas,
de victorias fortuitas y derrotas.
No he venido a llorar con agónicos llantos mi desdicha,
mi balance de polvo,
sino a afirmar la sede de la negación:
esta vieja cantera de codicias,
este inmenso ventisquero vampiro que se viste de luces con
                                            [mi duelo.

Y yo como una proa de navío pirata,
península raída llevando un continente de saqueos.

Densos velos te cubren, poesía

No es en este volcán que hay debajo de mi lengua falaz
[donde te busco,
ni en esta espuma azul que hierve y cristaliza en mi cabeza,
sino en esas regiones que cambian de lugar cuando se
[nombran,
como el secreto yo
y las indescifrables colonias de otro mundo.

Noches y días con los ojos abiertos bajo el insoportable
[parpadeo del sol,
atisbando en el cielo una señal,
la sombra de un eclipse fulgurante sobre el rostro del
[tiempo,
una fisura blanca como un tajo de Dios en la muralla del
[planeta.
Algo con que alumbrar las sílabas dispersas de un código
[perdido
para poder leer en estas piedras mi costado invisible.

Pero ningún pentecostés de alas ardientes desciende sobre mí.

¡Variaciones del humo,
retazos de tinieblas con máscaras de plomo,
meteoros innominados que me sustraen la visión entre un
[batir de puertas!

Noches y días fortificada en la clausura de esta piel,
escarbando en la sangre como un topo,
removiendo en los huesos las fundaciones y las lápidas,
en busca de un indicio como de un talismán que me revierta
[la división y la caída.

¿Dónde fue sepultada la semilla de mi pequeño verbo aún
[sin formular?
¿En qué Delfos perdido en la corriente
suben como el vapor las voces desasidas que reclaman mi
[voz para manifestarse?
¿Y cómo asir el signo a la deriva
—ése y no cualquier otro—
en que debe encarnar cada fragmento de este inmenso
[silencio?

No hay respuesta que estalle como una constelación entre
[harapos nocturnos.
¡Apenas si fantasmas insondables de las profundidades,
territorios que comunican con pantanos,
astillas de palabras y guijarros que se disuelven en la
[insoluble nada!

Sin embargo

ahora mismo
o alguna vez
no sé
quién sabe
puede ser
a través de las dobles espesuras que cierran la salida
o acaso suspendida por un error de siglos en la red del
                                                    [instante
creí verte surgir como una isla
quizás como una barca entre las nubes o un castillo en el que
                                                    [alguien canta
o una gruta que avanza tormentosa con todos los
                            [sobrenaturales fuegos encendidos.

¡Ah las manos cortadas,
los ojos que encandilan y el oído que atruena!

¡Un puñado de polvo, mis vocablos!

Variaciones sobre el tiempo

Tiempo:
te has vestido con la piel carcomida del último profeta;
te has gastado la cara hasta la extrema palidez;
te has puesto una corona hecha de espejos rotos y lluviosos
[jirones,
y salmodias ahora el balbuceo del porvenir con las
[desenterradas melodías de antaño,
mientras vagas en sombras por tu hambriento escorial,
[como los reyes locos.

No me importan ya nada todos tus desvaríos de fantasma
[inconcluso,
miserable anfitrión.
Puedes roer los huesos de las grandes promesas en sus
[desvencijados catafalcos
o paladear el áspero brebaje que rezuman las decapitaciones.
Y aún no habrá bastante,
hasta que no devores con tu corte goyesca la molienda final.

Nunca se acompasaron nuestros pasos en estos
                              [entrecruzados laberintos.
Ni siquiera al comienzo,
cuando me conducías de la mano por el bosque embrujado
y me obligabas a correr sin aliento detrás de aquella torre
                              [inalcanzable
o a descubrir siempre la misma almendra con su oscuro
                              [sabor de miedo y de inocencia.
¡Ah, tu plumaje azul brillando entre las ramas!
No pude embalsamarte ni conseguí extraer tu corazón
                              [como una manzana de oro.

Demasiado apremiante,
fuiste después el látigo que azuza,
el cochero imperial arrollándome entre las patas de sus
                              [bestias.
Demasiado moroso,
me condenaste a ser el rehén ignorado,
la víctima sepultada hasta los hombros entre siglos de arena.

Hemos luchado a veces cuerpo a cuerpo.
Nos hemos disputado como fieras cada porción de amor,
cada pacto firmado con la tinta que fraguas en alguna
                              [instantánea eternidad,
cada rostro esculpido en la inconstancia de las nubes viajeras,
cada casa erigida en la corriente que no vuelve.
Lograste arrebatarme uno por uno esos desmenuzados
                              [fragmentos de mis templos.

No vacíes la bolsa.
No exhibas tus trofeos.
No relates de nuevo tus hazañas de vergonzoso gladiador en
                              [las desmesuradas galerías del eco.

Tampoco yo te concedí una tregua.
Violé tus estatutos.
Forcé tus cerraduras y subí a los graneros que denominan
                              [porvenir.
Hice una sola hoguera con todas tus edades.
Te volví del revés igual que a un maleficio que se quiebra,
o mezclé tus recintos como en un anagrama cuyas letras
                    [truecan el orden y cambian el sentido.
Te condensé hasta el punto de una burbuja inmóvil,
opaca, prisionera en mis vidriosos cielos.
Estiré tu piel seca en leguas de memoria,
hasta que la horadaron poco a poco los pálidos agujeros del
                                        [olvido.
Algún golpe de dados te hizo vacilar sobre el vacío inmenso
                              [entre dos horas.

Hemos llegado lejos en este juego atroz, acorralándonos el
                                        [alma.
Sé que no habrá descanso,
y no me tientas, no, con dejarme invadir por la plácida
                    [sombra de los vegetales centenarios,
aunque de nada me valga estar en guardia,
aunque al final de todo estés de pie, recibiendo tu paga,
el mezquino soborno que acuñan en tu honor las roncas
                              [maquinarias de la muerte,

mercenario.

Y no escribas entonces en las fronteras blancas "nunca más"
con tu mano ignorante,
como si fueras algún dios de Dios,
un guardián anterior, el amo de ti mismo en otro tú que
                                              [colma las tinieblas.
Tal vez seas apenas la sombra más infiel de alguno de sus
                                                                    [perros.

En la Alhambra,
1961

Con José María
Gutiérrez en el Teatro
de la Luna, 1955.

Con Enrique Molina en
ocasión de recibir el
Premio de Honor de la
Fundación Argentina
para la poesía.

Con Alejandra
Pizarnik en el Museo
de Cluny, 1962.
Foto de Silvia Molloy.

En Chile, 1996.
Con "El caballero
inexistente".

Con Valerio Peluffo,
Octavio Paz y
Enrique Molina en
Buenos Aires.

Con Ricardo Molinari,
1992

Con Gonzalo Rojas y
Álvaro Mutis en Madrid,
1992.

*Todo es posible cuando
se desborda y rehace
un recuento la memoria:
imprevistas alquimias,
peldaños que chirrían,
cajones clausurados
y carruajes en marcha.*

En Monte Hermoso,
provincia de
Buenos Aires, 1995.

En 1967.
Foto de
Daniela Ham.

*Sí, tú, mi otra yo misma
en la horma hechizada de otra piel
ceñida al memorial del rito
y la pereza.*

En 1997.
Fotos de Graciela
García Romero.

Cadáver exquisito
de Valerio Peluffo y
Olga Orozco.

FRAGIL
CADAVER
EXQUISITO

*Apenas un instante, nada más que un instante,
tú y yo juntos, debajo de aquel árbol,
copiados por la brisa de un momento cualquiera
de la eternidad.*

Madre, madre,
        vuelve a erigir la casa y bordemos la historia
            vuelve a contar mi vida.

De
La noche a la deriva
1984

En tu inmensa pupila

Me reconoces, noche,
me palpas, me recuentas,
no como avara sino como una falsa ciega,
o como alguien que no sabe jamás quién es la náufraga y
                              [quién la endechadora.
Me has escogido a tientas para estatua de tus alegorías,
sólo por la costumbre de sumergirme hasta donde se acaba
                              [el mundo
y perder la cabeza en cada nube y a cada paso el suelo
                              [debajo de los pies.
¿Y acaso no fui siempre tu hijastra preferida,
esa que se adelanta sin vacilaciones hacia la trampa urdida
                              [por tu mano,
la que muerde el veneno en la manzana o copia tu belleza
                              [del espejo traidor?
Olvidaron atarme al mástil de la casa cuando tú pasabas
para que no me fuera cada vez tras tu flauta encantada de
                              [ladrona de niños,
y fue a expensas del día que confundí en tu bolsa
                              [la blancura y la nieve, los lobos y las sombras.

Ahora es tarde para volver atrás y corregir las horas de
                                        [acuerdo con el sol.
Ahora me has marcado con tu alfabeto negro.
Pertenezco a la tribu de los que se hospedan en radiantes
                                        [tinieblas,
de los que ven mejor con los ojos cerrados y se acuestan
              [del lado del abismo y alzan vuelo y no vuelven
cuando Tomás abre de par en par las puertas del evidente
                                        [mediodía.
Tú fundas tu Tebaida en lo invisible. Tú no concedes
    [pruebas. Tú aconteces, secreta, innumerable, sin formular,
como una contemplación vuelta hacia adentro,
donde cada señal es el temblor de un pájaro perdido en un
                                        [recinto inmenso
y cada subida un salto en el vacío contra gradas y ausencias.
Tú me vigilas desde todas partes,
descorriendo telones, horadando los muros, atisbando
                                        [entre fardos de penumbra;
me encuentras y me miras con la mirada del cazador y del
                                        [testigo,
mientras descubro en medio de tus altas malezas
                              [el esplendor de una ciudad perdida,
o busco en vano el rastro del porvenir en tus encrucijadas.
Tú vas quién sabe adónde siguiendo las variaciones de la
                                        [tentación inalcanzable,
probándote los rostros extremos del horror, de la extrema
                                        [belleza,
la imposible distancia de los otros, el tacto del infierno,

visiones que se agolpan hasta donde te alcanza la oscuridad
[que tengo,
hasta donde comienzas a rodar muerte abajo con carruajes,
[con piedras y con perros.
Pero yo no te pido lámparas exhumadas ni velos
[entreabiertos.
No te reclamo una lección de luz,
como no le reclamo al agua por la llama ni a la vigilia por el
[sueño.
¿O habría de confiar menos en ti que en las duras, recelosas
[estrellas?
¡Hemos visto tantos misterios insolubles con sus blancos
[reflejos, aun a pleno sol!
Basta con que me lleves de la mano como a través de un
[bosque,
noche alfombrada, noche sigilosa,
que aprenda yo lo que *quieres decir*, lo que susurra el viento,
y pueda al fin leer hasta el fondo de mi pequeña noche en tu
[pupila inmensa.

Para este día

Reconozco esta hora.
Es esa que solía llegar enmascarada entre los pliegues de otras
[horas;
la que de pronto comenzaba a surgir como un oscuro
[arcángel detrás de la neblina
haciendo retroceder mis bosques encantados,
[mis rituales de amor, mi fiesta en la indolencia,
con sólo trazar un signo en el silencio,
con sólo cortar el aire con su mano.
Esa, la de mirada como un vuelo de cuervo y pasos
[fantasmales,
que venía de lejos con su manto de viaje y las mejillas
[escarchadas,
y se iba bajando la cabeza, de nuevo hasta tan lejos
que yo buscaba en vano la huella del carruaje en el pasado.
Hora desencarnada,
color de amnesia como dibujada en el vacío del azogue,
igual que una traslúcida figura enviada desde un retablo del
[olvido.
¿Y era su propio heraldo,

el fondo que se asoma hasta la superficie de la copa,
la anunciación de dar a luz las sombras?
No supe descifrar su profecía,
ese susurro de aguas estancadas que destilan a veces los
[crepúsculos,
ni logré comprender el torbellino de plumas grises con que
[me aspiraba
desde un claro de ayer hasta un vago anfiteatro iluminado
[por lluvias y por lunas
allá, entre los ventisqueros del irreconocible porvenir;
aquí, donde ahora se instala, maciza como el demonio del
[advenimiento
en su sitial de honor en medio de la asamblea de otras horas,
pálidas, transparentes,
y me dice que mis bosques son luces extinguidas y aves
[embalsamadas,
que mi amor era erróneo, como un espejo que se contempla
[en otro espejo,
que mi fiesta es un cielo replegado en el sudario de mis
[muertos.
Y se queda esta vez, sin bajar la cabeza.

"Botines con lazos", de Vincent Van Gogh

¿Son dos extraños fósiles,
emisarios sombríos de una fauna sepultada en un bosque de
[carbón,
que vienen a reclamar un óbolo de luz para sus muertos?
¿Son ídolos de piedra,
cascotes desprendidos del obraje de los más tristes sueños?
¿O son moldes de hierro
para fraguar los pasos a imagen del martirio y a semejanza
[de la penitencia?

Son tus viejos botines, infortunado Vincent,
hechos a la medida de un abismo interior, como las
[ortopedias del exilio;
dos lonjas de tormento curtidas por el betún de la pobreza,
embalsamadas por lloviznas agrias,
con unos lazos sueltos que solamente trenzan el desamparo
[con la soledad,
pero con duros contrafuertes para que sea exiguo el juego
[del destino,
para que te acorrale contra el muro la ronda de los cuervos.

Pero son tus botines, perfectos en su género de asilo,
modelos para atar a cada ráfaga de alucinada travesía,
fieles como tu silla, tus ojos y tu Biblia.
Aferrados a ti como zarpas fatales desde las plantas hasta los
[tobillos,
desde Groot Zundert hasta la posada del infierno final,
es inútil que quieran sepultar tus raíces en una casa hundida
[en el rescoldo,
en el barro bruñido, el brillo de las velas y el íntimo calor de
[las patatas,
porque una y otra vez tropiezan con el filo de la mutilación,
porque una y otra vez los aspira hacia arriba la tromba que
[no entienden:
tu fuga de evadido como un vértigo azul, como un cráter de
[fuego.

Botines de trinchera, inermes en la batalla del vendaval y el
[alma:
han girado contigo en todas las vorágines del cielo
y han caído en la trampa de tu hoguera oculta bajo el
[incendio de los campos,
sin encontrar jamás una salida,
por más que pisoteen esas flores fanáticas que zumban
[como abejorros amarillos,
esos soles furiosos que atruenan contra tu oreja, tan
[distante,
perdida como un pálido rehén entre los torbellinos de otro
[mundo.

Botines de tribunal, a tientas en la noche del patíbulo,
sin otro resplandor que unos pobres destellos arrancados
[al pedernal de la locura,
entre los que hay un pájaro abatido en medio de su vuelo:
el extraño, remoto anuncio blanco de una negra sentencia.
Resuenan dando tumbos de ataúd al subir la escalera,
vacilan junto al lecho donde se precipitan vidrios de
[increíbles visiones,
trizado por una bala el árido universo,
y dejan caer a lentas sacudidas el balance de polvo
[tormentoso adherido a sus suelas.

Ahora husmean la manta de hiedra que recubre tu sueño
[junto a Theo,
allá, en el irreversible Auvers-sur-Oise,
y escarban otra tumba entre los andamiajes de la inmensa
[tiniebla.
Son botines de adiós, de siempre y nunca, de hambriento
[funeral:
se buscan en la memoria de tu muerte.

Al pie de la letra

El tribunal es alto, final y sin fronteras.
Sensible a las variaciones del azar como la nube o como
[el fuego,
registra cada trazo que se inscribe sobre los territorios
[insomnes del destino.
De un margen de la noche a otro confín, del permiso a la
[culpa,
dibujo con mi propia trayectoria la escritura fatal, el ciego
[testimonio.
Retrocesos y avances, inmersiones y vuelos, suspensos y caídas
componen ese texto cuya ilación se anuda y desanuda con
[las vacilaciones,
se disimula con la cautela del desvío y del pie sobre el vidrio,
se interrumpe y se pierde con cada sobresalto en sueños
[del cochero.
¿Y cuál será el sentido total, el que se escurre como la bestia
[de la trampa
y se oculta a morir entre oscuras malezas dejándome la piel
o huye sin detenerse por los blancos de las encrucijadas,
[laberinto hacia adentro?

Delación o alegato, no alcanzo a interpretar las intenciones
[del esquivo mensaje.
Difícil la lectura desde aquí, donde violo la ley y soy el
[instrumento,
donde aciertos y errores se propagan como una ondulación,
un vicio del lenguaje o las disciplinadas maniobras de una
[peste,
y cambian el color de todo mi prontuario en adelante y
[hacia atrás.
Pero hay alguien a quien no logra despistar la ignorancia,
alguien que lee aun bajo las tachaduras y los
[desmembramientos de mi caligrafía
mientras se filtra el sol o centellea el mar entre dos líneas.
Impresa está con sangre mi confesión; sellada con ceniza.

Andante en tres tiempos

Más borroso que un velo tramado por la lluvia sobre los
                                        [ojos de la lejanía,
confuso como un fardo,
errante como un médano indeciso en la tierra de nadie,
sin rasgos, sin consistencia, sin asas ni molduras,
así era tu porvenir visto desde las instantáneas rendijas del
                                        [pasado.
Sin embargo detrás hay un taller que fragua sin cesar tu
                                        [muestrario de máscaras.
Es un recinto que retrocede y que te absorbe exhalando el
                                        [paisaje.
Allí en algún rincón están de pie tus primeras visiones,
y también las imágenes de ayer y aun los espejismos que no
                                        [se condensaron,
más las ciegas legiones de fantasmas que son huecos
                                        [anuncios todavía.
Entre todos imprimen un diseño secreto en las alfombras
                                        [por donde pasarás,
muelen tus alimentos de mañana en el mortero de lo
                                        [desconocido

y elaboran en rígidos lienzos los ropajes para tu absolución
[o tu condena.
Cambia, cambia de vuelo como la ráfaga del enjambre bajo
[la tormenta.
Un soplo habrá disuelto la reunión;
un soplo la convoca en un nuevo diseño, junto a nuevos
[ropajes y nuevos alimentos.
¡Qué vivero de formas al acecho de un molde desde el
[principio hasta el final!

Palmo a palmo, virando
de un día a otro fulgor, de una noche a otra sombra,
llegas con cada paso a ese lugar al que te remolcaron todas
[las corrientes:
una región de lobos o corderos donde erigir tu tienda una
[vez más
y volver a partir, aunque te quedes, aspirado de nuevo por la
[boca del viento.
Es esa la comarca, esa es la casa, esos son los rostros que
[veías difusos,
fraguados en el humo de la víspera,
apenas esculpidos por el aliento leproso de la niebla.
Ahora están tallados a fuego y a cuchillo en la dura
[sustancia del presente,
una roca escindida que ahora permanece, que ya se
[desmorona,
que se escurre sin fin por la garganta de insaciables arenas.
Entre la oscilación y la caída, si no te deslizas hacia adelante,
[mueres.

Apresúrate, atrapa el petirrojo que huye, la escarcha que se
[disuelve en el jardín.
Somételos con un ademán tan rápido que se asemeje a la
[quietud,
a esa trampa del tiempo solapado que se desdobla en antes y
[en después.
Sólo conseguirás un presagio de plumas y un resabio de
[hielo.
A veces, pocas veces, un modelo para los esplendores y las
[lágrimas de tu porvenir.

¿Y qué fue del pasado, con su carga de sábanas ajadas y de
[huesos roídos?
¿Es nada más que un embalaje roto,
una mano en el vidrio ceniciento a lo largo de toda la
[alameda?
¿O un depósito inmóvil donde se acumulan el oro y las
[escorias de los días?
Pliega las alas para ver.
Esa mole que llevas creciendo a tus espaldas es tu albergue
[vampiro.
No me hables solamente de un panteón o de algún tribunal
[embalsamado,
siempre en suspenso y hasta el fin del mundo.
Porque también allí cada dibujo cambia con el último trazo,
cada color se funde con el tinte de la nueva estación o la
[que viene,
cada calco envejece, se resquebraja y pierde su motivo
[en el polvo;

pero el muro en que guardas estampadas las manos de la
[infancia
es ese mismo muro que proyecta unas manos finales sobre
[los muros de tu porvenir.
¿Y acaso ayer no asoma algunas veces como marzo en
[septiembre y canta en la enramada?
Todo es posible cuando se desborda y rehace un recuento la
[memoria:
imprevistas alquimias, peldaños que chirrían, cajones
[clausurados y carruajes en marcha.
Sorprendente inventario en el que testimonian hasta las
[puertas sin abrir.

Hoy, mañana o ayer,
nunca ningún refugio donde permanecer inalterable entre la
[llama y el carbón.
Los oleajes se cruzan y conspiran como los visitantes en los
[sueños,
intercambian espumas, cáscaras, amuletos y papeles cifrados
[y jirones,
y todo tiempo inscribe su sentencia bajo las aguas de los
[otros tiempos,
mientras viajas a tumbos en tu tablón precario
justo en el filo de las marejadas.
Pero hay algo, tal vez, que logró sustraerse a las
[maquinaciones de los años,
algo que estaba fuera de la fugacidad, la duración y la
[mudanza.
Guarda, guarda esa prenda invulnerable que cobraste al pasar

y que llevas oculta como un ladrón furtivo desde el
[comienzo hasta el futuro.
Estandarte o sortija, perla, grano de sal o escapulario,
describe una parábola de brasas a medida que te aproximas,
[que llegas, que te alejas:
tu credencial de amor en la noche cerrada.

Aun menos que reliquias

Son apenas dos piedras.
Nada más que dos piedras sin inscripción alguna,
recogidas un día para ser sólo piedras en el altar de la
[memoria.
Aun menos que reliquias, que testigos inermes hasta el juicio
[final.
Rodaron hasta mí desde las dos vertientes de mi genealogía,
más remotas que lapas adheridas a ciegas a la prescindencia y
[al sopor.
Y de repente cierto matiz intencionado,
cierto recogimiento sospechoso entre los tensos bordes a
[punto de estallar,
el suspenso que vibra en una estría demasiado insidiosa,
demasiado evidente,
me anuncian que comienzan a oficiar desde los anfiteatros
[de los muertos.

¿A qué aluden ahora estas dos piedras fatales, milenarias,
con sus brillos cruzados como la sangre que se desliza por
[mis venas?

A fábulas y a historias, a estirpes y a regiones
entretejidas en un solo encaje desde los dos costados del
[destino
hasta la trama de mis huesos.

Exhalan otra vez ese tiempo ciclópeo en que los dioses eran
[mis antepasados
—malhechores solemnes, ocultos en la ola, en el volcán y en
[las estrellas,
bajaron a la isla a trasplantar sus templos, sus represalias,
[sus infiernos—
y también esos siglos de las tierras hirsutas, emboscadas en
[el ojo del zorro,
hambrientas en el bostezo del jaguar, inmensas
[en el cambio de piel de la serpiente.
Pasan héroes de sandalias al viento y monstruos
[confabulados con la roca,
pueblos que traficaron con el sol y pueblos que sólo fueron
[dinastías de eclipses,
invasiones tenaces como regueros de hormigas sobre un
[mapa de coagulada miel;
y aquí pasan las nubes con su ilegible códice, excursiones
[salvajes,
y el brujo de la tribu domesticando a los grandes espíritus
[como un encantador de pájaros
para que hablen por el redoble de la lluvia, por el fuego o el
[grano,
por la boca colmada de la humilde vasija.

En un friso de nieblas se inscribe la mitad confusa de mi
                                        [especie,
mientras cambian de vestiduras las ciudades o trepan las
                        [montañas o se arrojan al mar,
sus bellos rostros vueltos hacia el último rey, hacia el último
                                        [éxodo.
Un cortejo de sombras viene del otro extremo de mi
                                        [herencia,
llega con el conquistador y funda las colonias del odio, de la
                        [espada y la codicia,
para expropiar el aire, los venados, los matorrales y las almas.
Se aproxima una aldea encallada en lo alto del abismo igual
                                [que un arca rota,
una agreste corona que abandonó el normando y recogieron
                                [los vientos y las cabras,
mucho antes que el abuelo conociera la risa y los brebajes
                                [para expulsar los males
y la abuela, tan alta, enlutara su corazón con despedidas y
                                [desgastara los rosarios.
Ahora se ilumina un caserío alrededor del espinillo, el ciego
                                [y el milagroso santo;
es polvareda y humo detrás de los talones del malón,
                        [de los perros extraídos del diablo,
poco antes que el abuelo disfrazara de fantasmas las viñas,
                                [los miradores, los corrales,
y la abuela se internara por bosques embrujados a perseguir
                                [el ave de los siete colores
para bordar con plumas la flor que no se cierra.

Y allá viene mi padre, con el océano retrocediendo a sus
                                              [espaldas.
Y allá viene mi madre flotando con caballos y volanta.
Yo estoy en una jaula donde comienza el mundo en un
                              [gemido y continúa en la ignorancia.

Pero detrás de mí no queda nadie para seguir hilando la
                                              [trama de mi raza.
Estas piedras lo saben, cerradas como puños obstinados.
Estas piedras aluden nada más que a unos huesos cada vez
                                              [más blancos.
Anuncian solamente el final de una crónica,
apenas una lápida.

Cantata sombría

Me encojo en mi guarida; me atrinchero en mis precarios
[bienes.
Yo, que aspiraba a ser arrebatada en plena juventud por un
[huracán de fuego
antes que convertirme en un bostezo en la boca del tiempo,
me resisto a morir.
Sé que ya no podré ser nunca la heroína de un rapto
[fulminante,
la bella protagonista de una fábula inmóvil en torno de la
[columna milenaria
labrada en un instante y hecha polvo por el azote del
[relámpago,
la víctima invencible —Ifigenia, Julieta o Margarita—,
la que no deja rastros para las embestidas de las
[capitulaciones y el fracaso,
sino el recuerdo de una piel tirante como ráfaga y un
[perfume de persistente despedida.
Se acabaron también los años que se medían por la rotación
[de los encantamientos,
esos que se acuñaban con la imagen del futuro esplendor

y en los que contemplábamos la muerte desde afuera, igual
[que a una invasora
—próxima pero ajena, familiar pero extraña, puntual pero
[increíble—,
la niebla que fluía de otro reino borrándonos los ojos, las
[manos y los labios.
Se agotó tu prestigio junto con el error de la distancia.
Se gastaron tus lujosos atuendos bajo la mordedura de los
[años.
Ahora soy tu sede.
Estás entronizada en alta silla entre mis propios huesos,
más desnuda que mi alma, que cualquier intemperie,
y oficias el misterio separando las fibras de la perduración y
[de la carne,
como si me impartieran una mitad de ausencia por
[apremiante sacramento
en nombre del larguísimo reencuentro del final.
¿Y no habrá nada en este costado que me fuerce a
[quedarme?
¿Nadie que se adelante a reclamar por mí en nombre de otra
[historia inacabada?
No digamos los pájaros, esos sobrevivientes
que agraviarán hasta las últimas migajas de mi silencio con su
[escándalo;
no digamos el viento que se precipitará jadeando en los
[lugares que abandono
como aspirado por la profanación, si no por la nostalgia;
pero al menos que me retenga el hombre a quien le faltará la
[mitad de su abrazo,

ese que habrá de interrogar a oscuras al sol que no me
                                        [alumbre
tropezando con los reticentes rincones a punto de mirarlo.
Que proteste con él la hierba desvelada, que se rajen las
                                        [piedras.
¿O nada cambiará, como si nunca hubiera estado?
¿Las mismas ecuaciones sin resolver detrás de los colores,
el mismo ardor helado en las estrellas, iguales frases de Babel
                                        [y de arena?
¿Y ni siquiera un claro entre la muchedumbre,
ni una sombra de mi espesor por un instante, ni mi larga
                                        [caricia sobre el polvo?
Y bien, aunque no deje rastros, ni agujeros, ni pruebas,
aun menos que un centavo de luna arrojado hasta el fondo
                                        [de las aguas,
me resisto a morir.
Me refugio en mis reducidas posesiones, me retraigo desde
                                        [mis uñas y mi piel.
Tú escarbas mientras tanto en mis entrañas tu cueva de
                                        [raposa,
me desplazas y ocupas mi lugar en este vertiginoso laberinto
                                        [en que habito
—por cada deslizamiento tuyo un retroceso y por cada
                                        [zarpazo algún soborno—,
como si cada reducto hubiera sido levantado en tu honor,
como si yo no fuera más que un desvarío de los más bajos
                                        [cielos
o un dócil instrumento de la desobediencia que al final se
                                        [castiga.
¿Y habrá estatuas de sal del otro lado?

De
En el revés del cielo
1987

Catecismo animal

Somos duros fragmentos arrancados del reverso del cielo,
trozos como cascotes insolubles
vueltos hacia este muro donde se inscribe el vuelo de la
                                                    [realidad,
la mordedura blanca del destierro hasta el escalofrío.
Suspendidos en medio del derrumbe por obra del error,
enfrentamos de pie las inclemencias, la miserable condición
                                                    [del rehén,
expuestos del costado que se desgasta al roce de la arena y al
                                                    [golpe del azar,
bajo el precario sol que quizás hoy se apague, que no salga
                                                    [mañana.
No tenemos ni marca de predestinación ni vestigios de las
                                                    [primeras luces;
ni siquiera sabemos qué soplo nos expulsa y nos aspira.
Apenas si el sabor de la sed, si la manera de traspasar la niebla,
si esta vertiginosa sustancia en busca de salida,
hablan de alguna parte donde las mutiladas visiones se
                                                    [completan,
donde se cumple Dios.

Ah descubrir la imagen oculta e impensable del reflejo,
la palabra secreta, el bien perdido,
la otra mitad que siempre fue una nube inalcanzable desde la
[soledad
y es toda la belleza que nos ciñe en su trama y nos rehace,
una mirada eterna como un lago para sumergir el amor en
[su versión insomne,
en su asombro dorado.
Pero no hay quien divise el centelleo de una sola fisura para
[poder pasar.
Nunca con esta vida que no alcanza para ir y volver,
que reduce las horas y oscila contra el viento,
que se retrae y vibra como llama aterida cuando asoma la
[muerte.
Nunca con este cuerpo donde siempre tropieza el universo.
Él quedará incrustado en este muro.
Él será más opaco que un pedrusco roído por la lluvia
[hasta el juicio final.
¿Y servirá este cuerpo más allá para sobrevivir,
el inepto monarca, el destronado, el frágil desertor
[obligatorio,
rescatado otra vez desde su nadie, desde las entrañas de un
[escorial de brumas?
¿O será simplemente como escombro que se arroja y se
[olvida?
No, este cuerpo no puede ser tan sólo para entrar y salir.
Yo reclamo los ojos que guardaron el Etna bajo las ascuas
[de otros ojos;
pido por esta piel con la que caigo al fondo de cada
[precipicio;

abogo por las manos que buscaron, por los pies que
[perdieron;
apelo hasta por el luto de mi sangre y el hielo de mis huesos.
Aunque no haya descanso, ni permanencia, ni sabiduría,
defiendo mi lugar:
esta humilde morada donde el alma insondable se repliega,
donde inmola sus sombras
y se va.

En el laberinto

Más de veinte mil días avanzando, siempre penosamente,
siempre a contracorriente,
por esta enmarañada fundación donde giran los vientos
y se cruzan en todas direcciones paisajes y paredes
                                        [tapiándome la puerta.
No sé si al continuar no retrocedo
o si al hallar un paso no confundo por una bocanada de
                                        [niebla mi camino.
Tal vez volver atrás sea como perder dos veces la partida,
a menos que prefiera demorarme castigando las culpas
o aprendiendo a ceñir de una vez para siempre los nudos de
                                        [la duda y el adiós.
pero no está en mi ley el escarmiento, la trampa en el
                                        [reverso del tapiz
y tampoco podré nacer de nuevo como la flor cerrada.
Habrá que proseguir desenrollando el mundo, deshaciendo
                                        [el ovillo.
para entregar los restos a la tejedora,
comoquiera que sea, en el extremo o en el centro, a la salida.
He visto varias veces pasar su sombra por algunos ojos,

cubrirlos hasta el fondo;
varias veces graznaron a mi lado sus cuervos.
Perdí de vista fieles paraísos y amores insolubles como las
[catedrales.
Encontré quienes fueron mis propios laberintos dentro del
[laberinto,
así como presumo que comienza uno más donde se cree que
[éste se termina.
Extravié junto a nidos de serpientes mi confuso camino
y me obligó a desviarme más de un brillo de tigres en la
[noche entreabierta.
Siempre hay sendas que vuelan y me arrojan en un
[despeñadero
y otras me decapitan vertiginosamente bajo las últimas
[fronteras.
Recuento mis pedazos, recojo mis exiguas pertenencias y sigo,
no sé si dando vueltas,
si girando en redondo alrededor de la misma prisión,
del mismo asilo, de la misma emboscada, por muchísimo
[tiempo,
siempre con una soga tensa contra el cuello o contra los
[tobillos.
A ras del suelo no se distingue adónde van las aguas ni la
[intención del muro.
Sólo veo fragmentos de meandros que transcurren como
[una intriga en piedra,
etapas que parecen las circunvoluciones de una esfinge de
[arena,
corredores tortuosos al acecho de la menor incertidumbre,

trozos desparramados de otro mundo que se rompió en
[pedazos.
Pero desde lo alto, si alguien mira,
si alguien juzga la obra desde el séptimo día,
ha de ver la espesura como el plano de una disciplinada
[fortaleza,
un inmenso acertijo donde la geometría dispone
[transgresiones y franquicias,
un jardín prodigioso con proverbios para malos y buenos,
un mandala que al final se descifra.
Ignoro aquí quién soy.
Tal vez alguien lo sepa, tal vez tenga un cartel adherido a la
[espalda.
Sospecho que soy monstruo y laberinto.

Escena de caza

Vestido de maltrecho animal mi porvenir
se oculta en la espesura con un salto de liebre perseguida
                              [por viles cazadores
hasta la otra orilla del tapiz.
¡Cuántos nobles destinos inmolados al dios de la pezuña
                              [hendida
o al alto, el serenísimo, el que ajusta su vuelo como el lazo
                              [del estrangulador!
¡Ah, mi breve, abstraído, impostergable porvenir!
No harás retroceder al enemigo mostrándole los dientes;
ni siquiera podrías domesticar la fronda en nombre del
                              [perdón,
ni aunque fueras el ciervo espectral de San Huberto
                              [irradiando el milagro.
Entonces no hay salida bajo ninguna piel.
Habrá que resistir hasta que pase la inflamada codicia;
habrá que despistar al rastreador simulando un camino que
                              [no vuelve,
o nadie, o el desplomado cielo,

o toda la soledad agazapada contra el árido fondo de un
[vacío sin fin
en el que se consuma en viento y humo mi pálido destino.
Poco hay para roer,
como no sean las bayas desechadas por las ratas del último
[saqueo,
raspaduras de espléndidas visiones en las que naces rey,
huesos de fiebres y de idolatrías.
No importa; haremos tiempo con astillas y plumas de los
[lentos,
lentísimos crepúsculos;
con algún agujero de la trama haremos un lugar para
[sobrevivir,
un hueco disimulado en la hojarasca,
mientras urde la salvación mi cándido futuro.
¿No fue nuestro el pasado con sus ojos que miran desde
[todas partes?
¿Acaso se ha escapado ya el presente, sólo un temblor al
[tacto?
¿Y todos esos restos esparcidos bajo el grito del sol?
¡Tan bello porvenir despedazado por los perros de la cacería!

Fundaciones de arena

Si poblaras el mundo como Dios
sólo con proyectar la sombra de una mano, el oscuro fulgor
[del ensimismamiento,
o las secretas contradicciones que te habitan,
saltarían de tu regazo hasta tus pies animales aviesos,
una fauna de pesadillas ilustradas que se propagaría
[infestando el jardín
como en esos tapices en los que la discordia simula las
[manzanas de la tentación.
No tienes felpa y seda que desplegar desde tu frío central
[hasta tus uñas
en una deslumbrante, sinuosa orografía
—otro cuadro sienés con castillo lejano, fortaleza e
[irrevocable caballero—,
ni caricia que vuelque su hierba complaciente sobre la
[pradera,
ni el intenso esplendor que a veces inventaba un
[relámpago azul con tu mirada
y que ahora podría esparcir tan largos ríos, tan bellos
[horizontes,

y hasta los esmaltados y sucesivos cielos de cualquier libro de
[horas,
sólo con que lograras olvidar el color de la piedra que te
[cerró el camino.
Pero ningún prodigio dejan fluir las aguas estancadas.
En tu historia no hay tintas para imprimir el decorado que
[anuncie un paraíso,
ni plumajes de fiesta con que vestir otro destino.
Tampoco de tu palabra emana un génesis semejante a una
[fábula en tu honor
donde instaurar un trono sobre el séptimo día.
Fundaciones de arena, muros crepusculares para el exilio y el
[olvido,
lugares destemplados como el viento que pasa bajo las alas
[de la ausencia.
Puedes volcar tu inmenso depósito de insomnios hasta
[la borra del final
o volver del revés todas las envolturas que adoptó la nostalgia:
no encontrarás ni brizna de verdor ni hebra que se anude a
[la esperanza.
Tu imagen, una sombra de áspero desencanto.
Tu semejanza, una desgarradura.

El narrador

En paz es un relato descriptivo el que repite paso a paso el
[cuerpo,
una enumeración de llanuras y ocasos, de barcas y colinas,
que no tiene comienzo ni final,
lo mismo que un fragmento entresacado del texto de otra
[historia.
¿Pero quién permanece como un lagarto inmóvil bajo el sol?
En cuanto cunde el miedo, la penuria o la peste,
la narración se altera en esos puntos donde se quiebra el
[orden,
y entonces aparecen crónicas de invasiones y derrotas,
episodios oscuros donde hay fieras ocultas y algún otro es el
[rey
y uno es un fugitivo debajo de la piel,
tal como si habitara en el párrafo intruso de una leyenda
[negra.
Igual hay que perder hasta concluir sin conocer jamás el
[verdadero desenlace.
Pero llega el amor, su séquito de estrellas y el ala inalcanzable
[del deseo,

sobrepasando siempre los límites de toda separación, de
                                        [todo abrazo,
y el cuerpo se hace altura, precipicio, vértigo, desvarío,
dispuesto a transgredir y a ser atajo hacia lugares en los que
                                        [nunca estuvo,
él, el protagonista de una fábula única,
el que se prueba por primera vez el corazón, los ojos y las
                                        [manos,
y es la respuesta exacta y el espejo donde alguien recupera el
                                        [paraíso.
Aunque al final apenas permita traslucir la puñalada del
                                        [destino:
así agoniza cada vez el mundo,
con un cuerpo que sobra y con una novela interrumpida.
No habrá tregua después ni siquiera en el sueño,
ni siquiera tratando de dormir sobre el costado ileso,
porque ya no lo hay —nada más que capítulos deshechos,
                                        [vidrios rotos,
el inventario de la soledad, hueso por hueso—,
porque no hay aridez como la que se narra con un cuerpo
                                        [que termina en sí mismo,
un cuerpo que se lee lo mismo que un adiós borroneado en
                                        [la arena.
Y no hablemos ahora de temblores ni de perplejidades ni de
                                        [alertas
con los que ilustra el cuerpo sus cuentos fantasmales,
episodios ambiguos donde las sombras crujen y no hay nadie
o se siente avanzar el porvenir a través de la escarcha de otro
                                        [mundo,

como si no supiéramos que el cuerpo no es de aquí,
que viene de muy lejos y se va,
sin aclararnos nunca si es reverso del alma, una opaca
                                    [versión de lo invisible,
una trampa superflua,
¿o un nudo, sólo un espeso nudo en la gran transparencia?
¿Y a qué modelo alude con su muerte final este intérprete
                                                    [ciego,
el mártir, el incauto, el que no sabe,
el que apaga las luces y cierra el escenario de este lado?

Ésa es tu pena

Ésa es tu pena.
Tiene la forma de un cristal de nieve que no podría existir si
[no existieras
y el perfume del viento que acarició el plumaje de los
[amaneceres que no vuelven.
Colócala a la altura de tus ojos
y mira cómo irradia con un fulgor azul de fondo de leyenda,
o rojizo, como vitral de insomnio ensangrentado por el
[adiós de los amantes,
o dorado, semejante a un letárgico brebaje que sorbieron los
[ángeles.
Si observas al trasluz verás pasar el mundo rodando en una
[lágrima.
Al respirar exhala la preciosa nostalgia que te envuelve,
un vaho entretejido de perdón y lamentos que te convierte
[en reina del reverso del cielo.
Cuando la soplas crece como si devorara la íntima sustancia
[de una llama
y se retrae como ciertas flores si la roza cualquier sombra
[extranjera.

No la dejes caer ni la sometas al hambre y al veneno;
sólo conseguirías la multiplicación, un erial, la bastarda
[maleza en vez de olvido.
Porque tu pena es única, indeleble y tiñe de imposible
[cuanto miras.
No hallarás otra igual, aunque te internes bajo un sol cruel
[entre columnas rotas,
aunque te asuma el mármol a las puertas de un nuevo
[paraíso prometido.
No permitas entonces que a solas la disuelva la costumbre,
no la gastes con nadie.
Apriétala contra tu corazón igual que a una reliquia salvada
[del naufragio:
sepúltala en tu pecho hasta el final,
hasta la empuñadura.

El retoque final

Es este aquel que amabas.
A este rostro falaz que burla su modelo en la leyenda,
a estos ojos innobles que miden la ventaja de haber
                              [volcado a ciegas tu destino,
a estas manos mezquinas que apuestan a pura tierra su
                                                    [ganancia,
consagraste los años del pesar y de la espera.
Ésta es la imagen real que provocó los bellos espejismos de
                                        [la ausencia:
corredores sedosos encandilados por la repetición del eco,
por las sucesivas efigies del error;
desvanes hasta el cielo, subsuelos hacia el recuperado paraíso,
cuartos a la deriva, cuartos como de plumas y diamante
en los que te probabas cada noche los soles y las lluvias de
                                        [tu siempre jamás,
mientras él sonreía, extrañamente inmóvil, absorto en el
                              [abrazo de la perduración.
Él estaba en lo alto de cualquier escalera,
él salía por todas las ventanas para el vuelo nupcial,
él te llamaba por tu verdadero nombre.

Construcciones en vilo,
sostenidas apenas por el temblor de un beso en la memoria,
por esas vibraciones con que vuelve un adiós;
cárceles de la dicha, cárceles insensatas que el mismo
                                        [Piranesi envidiaría.
Basta un soplo de arena, un encuentro de lazos desatados,
una palabra fría como la lija y la sospecha,
y esa urdimbre de lámpara y vapor se desmorona con un
                                        [crujido de alas,
se disuelve como templo de miel, como pirámide de nieve.
Dulzuras para moscas, ruinas para el enjambre de la
                                        [profanación.
Querrías incendiar los fantasiosos depósitos de ayer,
romper las maquinarias con que fraguó el recuerdo las
                                        [trampas para hoy,
el inútil y pérfido disfraz para mañana.
O querrías más bien no haber mirado nunca el alevoso
                                        [rostro,
no haber visto jamás al que no fue.
Porque sabes que al final de los últimos fulgores, de las
                                        [últimas nieblas,
habrá de desplegarse, voraz como una plaga, otra vez
                                        [todavía,
la inevitable cinta de toda tu existencia.
Él pasará otra vez en esa ráfaga de veloces visiones, de días
                                        [migratorios;
él, con su rostro de antaño, con tu historia inconclusa,
con el amor saqueado bajo la insoportable piel de la mentira,
bajo esta quemadura.

En el final era el verbo

Como si fueran sombras de sombras que se alejan las
[palabras,
humaredas errantes exhaladas por la boca del viento,
así se me dispersan, se me pierden de vista contra las puertas
[del silencio.
Son menos que las últimas borras de un color, que un
[suspiro en la hierba;
fantasmas que ni siquiera se asemejan al reflejo que fueron.
Entonces ¿no habrá nada que se mantenga en su lugar,
nada que se confunda con su nombre desde la piel hasta los
[huesos?
Y yo que me cobijaba en las palabras como en los pliegues
[de la revelación
o que fundaba mundos de visiones sin fondo para sustituir
[los jardines del edén
sobre las piedras del vocablo.
¿Y no he intentado acaso pronunciar hacia atrás todos los
[alfabetos de la muerte?
¿No era ese tu triunfo en las tinieblas, poesía?

Cada palabra a imagen de otra luz, a semejanza de otro
[abismo,
cada una con su cortejo de constelaciones, con su nido de
[víboras,
pero dispuesta a tejer y a destejer desde su propio costado el
[universo
y a prescindir de mí hasta el último nudo.
Extensiones sin límites plegadas bajo el signo de un ala,
urdimbres como andrajos para dejar pasar el soplo
[alucinante de los dioses,
reversos donde el misterio se desnuda,
donde arroja uno a uno los sucesivos velos, los sucesivos
[nombres,
sin alcanzar jamás el corazón cerrado de la rosa.
Yo velaba incrustada en el ardiente hielo, en la hoguera
[escarchada,
traduciendo relámpagos, desenhebrando dinastías de voces,
bajo un código tan indescifrable como el de las estrellas o el
[de las hormigas.
Miraba las palabras al trasluz.
Veía desfilar sus oscuras progenies hasta el final del verbo.
Quería descubrir a Dios por transparencia.

De
Con esta boca, en este mundo
1994

Con esta boca, en este mundo

No te pronunciaré jamás, verbo sagrado,
aunque me tiña las encías de color azul,
aunque ponga debajo de mi lengua una pepita de oro,
aunque derrame sobre mi corazón un caldero de estrellas
y pase por mi frente la corriente secreta de los grandes ríos.

Tal vez hayas huido hacia el costado de la noche del alma,
ese al que no es posible llegar desde ninguna lámpara,
y no hay sombra que guíe mi vuelo en el umbral,
ni memoria que venga de otro cielo para encarnar en esta
                                                    [dura nieve
donde sólo se inscribe el roce de la rama y el quejido del
                                                    [viento.

Y ni un solo temblor que haga sobresaltar las mudas piedras.
Hemos hablado demasiado del silencio,
lo hemos condecorado lo mismo que a un vigía en el arco
                                                    [final,
como si en él yaciera el esplendor después de la caída,
el triunfo del vocablo, con la lengua cortada.

¡Ah, no se trata de la canción, tampoco del sollozo!
He dicho ya lo amado y lo perdido,
trabé con cada sílaba los bienes y los males que más temí
[perder.
A lo largo del corredor suena, resuena la tenaz melodía,
retumban, se propagan como el trueno
unas pocas monedas caídas de visiones o arrebatadas a la
[oscuridad.
Nuestro largo combate fue también un combate a muerte
[con la muerte, poesía.
Hemos ganado. Hemos perdido,
porque ¿cómo nombrar con esta boca,
cómo nombrar en este mundo con esta sola boca en este
[mundo con esta sola boca?

Señora tomando sopa

Detrás del vaho blanco está la orden, la invitación o el ruego,
cada uno encendiendo sus señales,
centelleando a lo lejos con las joyas de la tentación o el rayo
[del peligro.
Era una gran ventaja trocar un sorbo hirviente por un reino,
por una pluma azul, por la belleza, por una historia llena de
[luciérnagas.
Pero la niña terca no quiere traficar con su horrible alimento:
rechaza los sobornos del potaje apretando los dientes.
Desde el fondo del plato asciende en remolinos oscuros la
[condena:
se quedará sin fiesta, sin amor, sin abrigo,
y sola en lo más negro de algún bosque invernal donde
[aúllan los lobos
y donde no es posible encontrar la salida.

Ahora que no hay nadie,
pienso que las cucharas quizás se hicieron remos para llegar
[muy lejos.
Se llevaron a todos, tal vez, uno por uno,

hasta el último invierno, hasta la otra orilla.
Acaso estén reunidos viendo a la solitaria comensal del
                                              [olvido,
la que traga este fuego,
esta sopa de arena, esta sopa de abrojos, esta sopa de
                                              [hormigas,
nada más que por puro acatamiento,
para que cada sorbo la proteja con los rigores de la
                                              [penitencia,
como si fuera tiempo todavía,
como si atrás del humo estuviera la orden, la invitación, el
                                              [ruego.

La corona final

Si puedes ver detrás de los escombros,
de tantas raspaduras y tantas telarañas como cubren el
[hormiguero de otra vida,
si puedes todavía destrozarte otro poco el corazón,
aunque no haya esperanza ni destino,
aparta las cortinas, la ignorancia o el espesor del mundo, lo
[que sea,
y mira con tus ojos de ahora bien adentro, hasta el fondo del
[caos.
¿Qué color tienes tú a través de los días y los años de aquel a
[quien amaste?
¿Qué imagen tuya asciende con el alba y hace la noche del
[enamorado?
¿Qué ha quedado de ti en esa memoria donde giran los
[vientos?
Quizás entre las hojas oxidadas que fueron una vez el
[esplendor y el viaje,
un tapiz a lo largo de toda la aventura,
surjas confusamente, casi irreconocible a través de otros
[cuerpos,

como si aparecieras reclamando un lugar en algún paraíso
[ajeno y a deshora.
O tal vez ya ni estés, ni polvo ni humareda;
tal vez ese recinto donde siempre creíste reinar inalterable,
sin tiempo y tan lejana como incrustada en ámbar,
sea menos aún que un albergue de paso:
una desnuda cámara de espejos donde nunca hubo nadie,
nadie más que un yo impío cubriendo la distancia entre una
[sombra y el deseo.
Y acaso sea peor que haber pasado en vano,
porque tú que pudiste resistir a la escarcha y a la profanación,
permanecer de pie bajo la cuchillada de insufribles
[traiciones,
es posible que al fin hayas sido inmolada,
descuartizada en nombre de una historia perversa,
tus trozos arrojados a la hoguera, a los perros, al remolino
[de los basurales,
y tu novela rota y pisoteada oculta en un cajón.
Es algo que no puedes soportar.
Hace falta más muerte. No bastarían furias ni sollozos.
Prefieres suponer que fuiste relegada por amores terrenos,
por amores bastardos,
porque él te reservó para después de todos sus instantáneos
[cielos,
para después de nunca, más allá del final.

Estarás esperándolo hasta entonces con corona de reina
en el enmarañado fondo del jardín.

Mujer en su ventana

Ella está sumergida en su ventana
contemplando las brasas del anochecer, posible todavía.
Todo fue consumado en su destino, definitivamente
                              [inalterable desde ahora
como el mar en un cuadro,
y sin embargo el cielo continúa pasando con sus angelicales
                              [procesiones.
Ningún pato salvaje interrumpió su vuelo hacia el oeste;
allá lejos seguirán floreciendo los ciruelos, blancos, como si
                              [nada,
y alguien en cualquier parte levantará su casa
sobre el polvo y el humo de otra casa.
Inhóspito este mundo.
Áspero este lugar de nunca más.
Por una fisura del corazón sale un pájaro negro y es la noche
—¿o acaso será un dios que cae agonizando sobre el
                              [mundo?—,
pero nadie lo ha visto, nadie sabe,
ni el que se va creyendo que de los lazos rotos nacen
                              [preciosas alas,

los instantáneos nudos del azar, la inmortal aventura,
aunque cada pisada clausure con un sello todos los
                                    [paraísos prometidos.
Ella oyó en cada paso la condena.
Y ahora ya no es más que una remota, inmóvil mujer en su
                                    [ventana,
la simple arquitectura de la sombra asilada en su piel,
como si alguna vez una frontera, un muro, un silencio, un
                                    [adiós,
hubieran sido el verdadero límite,
el abismo final entre una mujer y un hombre.

La mala suerte

Alguien marcó en mis manos,
tal vez hasta en la sombra de mis manos,
el signo avieso de los elegidos por los sicarios de la
                                            [desventura.
Su tienda es mi morada.
Envuelta estoy en la sombría lona de unas alas que caen y
                                            [que caen
llevando la distancia dondequiera que vaya,
sin acertar jamás con ningún paraíso a la medida de mis
                                            [tentaciones,
con ningún episodio que se asemeje a mi aventura.
Nada. Antros donde no cabe ni siquiera el perfume de la
                                            [perduración,
encierros atestados de mariposas negras, de cuervos y de
                                            [anguilas,
agujeros por los que se evapora la luz del universo.
Faltan siempre peldaños para llegar y siempre sobran
                                            [emboscadas y ausencias.
No, no es un guante de seda este destino.

No se adapta al relieve de mis huesos ni a la temperatura
[de mi piel,
y nada valen trampas ni exorcismos,
ni las maquinaciones del azar ni las jugadas del empeño.
No hay apuesta posible para mí.
Mi lugar está enfrente del sol que se desvía o de la isla que se
[aleja.
¿No huye acaso el piso con mis precarios bienes?
¿No se transforma en lobo cualquier puerta?
¿No vuelan en bandadas azules mis amigos y se trueca en
[carbón el oro que yo toco?
¿Qué más puedo esperar que estos prodigios?
Cuando arrojo mis redes no recojo más que vasijas rotas,
perros muertos, asombrosos desechos,
igual que el pobrecito pescador al comenzar la noche
[fantástica del cuento.
Pero no hay desenlace con aplausos y palmas para mí.
¿No era heroico perder? ¿No era intenso el peligro? ¿No era
[bella la arena?
Entre mi amado y yo siempre hubo una espada;
justo en medio de la pasión el filo helado, el fulgor venenoso
que anunciaba traiciones y alumbraba la herida en el final de
[la novela.
Arena, sólo arena, en el fondo de todos los ojos que me
[vieron.
¿Y ahora con qué lágrimas sazonaré mi sal,
con qué fuego de fiebres consteladas encenderé mi vino?
Si el bien perdido es lo ganado, mis posesiones son
[incalculables.

Pero cada posible desdicha es como un vértigo,
una provocación que la insaciable realidad acepta,
                                    [más tarde o más temprano.
Más tarde o más temprano,
estoy aquí para que mi temor se cumpla.

Espejo en lo alto

a Alberto Girri

No sé si habrás logrado componer tu escritura
con aquel minucioso tapiz de hojas errantes que organizaba
                              [huecos y relieves,
prolijos ideogramas en este desmantelado atardecer;
tampoco sé si alguna vez me hablaste en los últimos meses
con ese congelado tintineo del vidrio, con el rumor del
                              [mimbre,
o el apremiante latido del corazón a oscuras;
y quizás tu mirada fuera entonces esa mirada circular del
                              [ágata,
que se abre, que se expande, que se amplía de agua en aire
más allá de la piedra y el fulgor y más allá del mundo.
Imposible saber. No consigo abarcar lo que me sobrepasa y
                              [te contiene;
no puedo descifrar de pronto las señales que no fueron
                              [costumbre.
Porque ahora traspasaste del todo la zona de los delirios y las
                              [emanaciones,

donde la selva y las acechanzas de la selva se confunden,
y los días se tiñen con el color de lo que ya no es, de lo que
[no será,
y entre un cuerpo y su sombra vuelca el viento veinte siglos
[de historia
y en una y otra mano se multiplican las semillas de la
[incertidumbre
y a uno y otro pie se anudan las serpientes de la
[contradicción.
Porque tal es la prueba y tales las maquinaciones de la
[simuladora,
inabordable realidad.
No en vano deshojaste la envoltura del sueño y la vigilia,
palabra por palabra y ausencia por presencia,
hasta el último pétalo, hasta el temblor inmóvil del silencio.
¿No revisaste acaso, palpando, escarbando, horadando la
[trama del poema
el revés y el derecho del destino,
los nudos del error, el bordado ilusorio,
sin encontrar la pura transparencia que permita mirar al otro
[lado?
Tu fuerza fue habitar en el Reino del No la casa de los
[innumerables laberintos,
probando las entradas, rondando las salidas,
acechando visiones contagiosas, insectos y peligros y ratones.
Fue una casa oscilante, en continuo equilibrio,
justo en el borde de la inmensidad;
y allí viviste alerta, ensayando la ausencia, desasido de ti
—tu primera persona del singular cada vez más allá,

siempre más cerca de algún otro tú—,
siendo a la vez el cazador que descubre la presa y abandona
[el asedio
y el pájaro que intenta desterrar con las alas su recuerdo
[en el suelo.
Ya eres parte de todo en otro reino, el Reino de la
[Perduración y la Unidad,
estás en el eterno presente que huye, que se consume y que
[no cesa,
y podrás ser por fin el nombre y lo nombrado.
Pero yo sé que casi medio siglo de amistad, permanencia,
[emociones y amparo,
no me basta para encontrar que una pequeña huella,
una chispa en suspenso, un flotante perfume
son, en medio del anónimo coro universal, de la corriente
[del acontecer,
tu modo de dictarme lo más justo, lo más bello y lo más
[verdadero,
como antes, como siempre, con un gesto, con un talismán,
[con una lágrima.
Y si así fuera, ¿cómo responder?
A partir de mi boca, de mi congoja y mi ignorancia sólo
[puedo rogar:
"Señor:
Haz que tu hijo sea como el más incontaminado de todos
[tus espejos
y muéstrale las cosas así como él quería,
tales como son."

En la brisa, un momento

a Valerio

Que pueda el camino subir hasta alcanzarte.
Que pueda el viento soplar siempre a tu espalda.
Que pueda el sol brillar cálidamente sobre tu rostro
y las lluvias caer con dulzura sobre tus campos,
y hasta que volvamos a encontrarnos
que Dios te sostenga en la palma de su mano.

(Oración irlandesa)

—¡Ya se fue! ¡Ya se fue! —se queja la torcaza.
Y el lamento se expande de hoja en hoja,
de temblor en temblor, de transparencia en transparencia,
hasta envolver en negra desolación el plumaje del mundo.
—¡Ya se fue! ¡Ya se fue! —como si yo no viera.
Y me pregunto ahora cómo hacer para mirar de nuevo una
[torcaza,
para volver a ver una bahía, una columna, el fuego, el humo
[de la sopa,

sin que tus ojos me aseguren la consistencia de su aparición,
sin que tu mano me confirme la mía.
Será como mirar apenas los reflejos de un espejo ladrón,
imágenes saqueadas desde las maquinarias del abismo,
opacas, andrajosas, miserables.
¿Y qué será tu almohada, y qué será tu silla,
y qué serán tus ropas, y hasta mi lecho a solas, si me animo?
Posesiones de arena,
sólo silencio y llagas sobre la majestad de la distancia.
Ah, si pudiera encontrar en las paredes blancas de la hora
                                 [más cruel
esa larga fisura por donde te fuiste,
ese tajo que atravesó el pasado y cortó el porvenir,
acaso nos veríamos más desnudos que nunca, como después
                                 [de nunca,
como después del paraíso que perdimos,
y hasta quizás podríamos nombrarnos con los últimos
                                 [nombres,
esos que solamente Dios conoce,
y descubrir los pliegues ignorados de nuestra propia historia
cubriendo las respuestas que callamos,
incrustadas tal vez como piedras preciosas en el fondo del
                                 [alma.
Todo lo que ya es patrimonio de sombras o de nadie.
Pero acá sólo encuentro en mitad de mi pecho
esta desgarradura insoportable cuyos bordes se entreabren
y muestran arrasados todos los escenarios donde tú eres el rey
—un instantáneo calco del que fuiste, un relámpago apenas—
bajo la rotación del infinito derrumbe de los cielos.

Fuera de mí la nube dice "No", el viento dice "No", las
[ramas dicen "No",
y hasta la tierra entera que te alberga,
esa tierra dispersa que ahora es sólo una alrededor de ti,
se aleja cuando llamo.
¿Cómo saber entonces dónde estás en este desmedido,
[insaciable universo,
donde la historia se confunde y los tiempos se mezclan y los
[lugares se deslizan,
donde los ríos nacen y mueren las estrellas,
y las rosas que me miran en Paestum no son las que nos vieron
sino tal vez las que miró Virgilio?
¿Cómo acertar contigo,
si aun en medio del día instalabas a veces tu silencio nocturno,
inabordable como un dios, ensimismado como un árbol,
y tu delgado cuerpo ya te sustraía?
Aléjate, memoria de pared, memoria de cuchara,
memoria de zapato.
No me sirves, memoria, aunque simules este día.
No quiero que me asistas con mosaicos, ni con palacios, ni
[con catedrales.
Húndete, piedra de la Navicella, junto al cisne de Brujas,
bajo las noches susurradoras de Venecia.
Sopla, viento de Holanda, sobre los campos de temblorosas
[amapolas,
deshoja los recuerdos, barre los ecos y la lejanía.
No quiero que sea nunca para siempre ni siempre para
[nunca.

Juguemos a que estamos perdidos otra vez entre los
                              [laberintos de un jardín.
Encuéntrame, amor mío, en tu tiempo presente.
Mírame para hoy con tus ojos de miel, de chispas y de claro
                              [tabaco.
Sé que a veces de pronto me presencias desde todas partes.
Tal vez poses tu mano lentamente como esta lluvia sobre mi
                              [cabeza
o detengas tus pasos junto a mí en pálida visitación
                              [conteniendo el aliento.
He conseguido ver el resplandor con que te llevan cuando te
                              [persigo;
he aspirado también, señor de las plantaciones y las flores,
el aroma narcótico con que me abrazas desde un rincón
                              [vacío de la casa,
y he oído en el pan que cruje a solas el pequeño rumor con
                              [que me nombras,
tiernamente, en secreto, con tu nuevo lenguaje.
Lo aprenderé, por más que todo sea un desvarío de lugares
                              [hambrientos,
una forma inconclusa del deseo, una alucinación de la
                              [nostalgia.
Pero aun así, ¿qué muro es insoluble entre nosotros?
¡Hemos huido juntos tantos años entre las ciénagas y los
                              [tembladerales
delante de las fieras de tu mal
cubriendo la retirada con el sol, con la piel, con trozos de la
                              [fiesta,
con pedazos inmensos del esplendor que fuimos,

hasta que te atraparon!
Anudaron tu cuerpo, ya tan leve, al miedo y al azar,
y escarbó en tus tejidos la tiniebla monarca con uñas y con
                                                      [dientes,
mientras dábamos vueltas en la trampa, sin hallar la salida.
La encontraste hacia arriba, y lograste escapar a pura
                                    [pérdida, de caída en caída.
Aún nos queda el amor:
esa doble moneda para poder pasar a uno y otro lado.
Haz que gire la piedra, que te traiga de nuevo la marea,
aunque sea un instante, nada más que un instante.
Ahora, cuando podrás mirar tan "fijamente el sol como la
                                                      [muerte",
no querrás apagarlo para mí ni querrás extraviarme detrás de
                                              [los escombros,
por pequeña que sea mirada desde allá,
aun menos que una nuez, que una brizna de hierba,
                              [que unos granos de arena.
Y porque a veces me decías: "Tú hiciste que la luz fuera
                                                    [visible",
y otra vez descubrimos que la muerte se parece al amor
en que ambos multiplican cada hora y lugar por una misma
                                                  [ausencia,
yo te reclamo ahora en nombre de tu sol y de tu muerte una
                                                [sola señal,
precisa, inconfundible, fulminante, como el golpe de gracia
                              [que parte en dos el muro
y descubre un jardín donde somos posibles todavía,
apenas un instante, nada más que un instante,

tú y yo juntos, debajo de aquel árbol,
copiados por la brisa de un momento cualquiera de la
[eternidad.

Les jeux sont faits

¡Tanto esplendor en este día!
¡Tanto esplendor inútil, vacío, traicionado!
¿Y quién te dijo acaso que vendrían por ti días dorados
                                        [en años venideros?
Días que dicen sí, como luces que zumban, como lluvias
                                                [sagradas.
¿Acaso bajó el ángel a prometerte un venturoso exilio?
Tal vez hasta pensaste que las aguas lavaban los guijarros
para que murmuraran tu nombre por las playas,
que a tu paso florecerían porque sí las retamas
y las frases ardientes velarían insomnes en tu honor.
Nada me trae el día.
No hay nada que me aguarde más allá del final de la alameda.
El tiempo se hizo muro y no puedo volver.
Aunque ahora supiera dónde perdí las llaves y confundí las
                                                [puertas
o si fue solamente que me distrajo el vuelo de algún pájaro,
por un instante, apenas, y tal vez ni siquiera,
no puedo reclamar entre los muertos.

Todo lo que recuerda mi boca fue borrado de la memoria de
[otra boca;
se alojó en nuestro abrazo la ceniza, se nos precipitó la lejanía,
y soy como la sobreviviente pompeyana
separada por siglos del amante sepultado en la piedra.
Y de pronto este día que fulgura
como un negro telón partido por un tajo, desde ayer, desde
[nunca.
¡Tanto esplendor y tanto desamparo!
Sé que la luz delata los territorios de la sombra y vigila en
[suspenso,
y que la oscuridad exalta el fuego y se arrodilla en los
[rincones.
Pero, ¿cuál de las dos labra el legítimo derecho de la trama?
Ah, no se trata de triunfo, de aceptación ni de sometimiento.
Yo me pregunto, entonces:
más tarde o más temprano, mirado desde arriba,
¿cuál es en el recuento final, el verdadero, intocable destino?
¿El que quise y no fue?, ¿el que no quise y fue?

Madre, madre,
vuelve a erigir la casa y bordemos la historia.
Vuelve a contar mi vida.

De
La oscuridad es otro sol
1967

Había una vez

Había una vez una casa (no) Había en un tiempo una casa (no) Había en varios tiempos varias casas que eran una sola casa. ¿Era realmente una casa o era un espejo fraguado por los tres tiempos, de modo que cada uno era la consecuencia y el motivo del otro? Sí, como en los caleidoscopios o como en un yo circular a manera de cuarto de vestir, donde la que va a ser con máscara de anciana se probara la máscara de la que fue con máscara de niña, y viceversa y sucesivamente. La máscara de la que es, también, y que sólo se ve desde adentro, desde el revés de todas las máscaras confundidas en una, hasta que se devore eso que habitualmente llamamos rostro y se pueda ver quién es quien lo devora, y entonces supongo que comprobaré lo que sospecho: que no se es uno sino todos.

Pero ahora el tiempo es y aparentemente soy yo sola. En este momento en que voy a nacer, en que voy a regresar, el tiempo y la persona son *yo soy*. Y la casa está allí, semejante a una piedra de la luna donde el vapor se enrarece para hervir, se condensa en burbujas que me aspiran hasta el centro de una brasa sepultada en la que voy a entrar para que la eternidad no se interrumpa, para que continúe con este balanceo con que parto no sé desde dónde y me arrojo de cara en el vacío contra los cristales de la oscuridad.

Llegué. Frente al umbral hay un médano que debe pasar por el ojo de una aguja, y detrás un jardín donde comienzan las raíces de la muerte. Todavía no sé hablar; cuando aprenda, habré olvidado el camino por donde vine.

La verja se abre hacia ese interior que desde ahora será afuera. Hay caras en las ventanas, esperándome. Hay figuras que velan: una parte coagulada en la escarcha con que aún me retienen; otra parte, encendida en las luminarias con que nos iremos. La abuela, papá, mamá, tía Adelaida y mis hermanos: Alejandro, María de las Nieves, Laura. Sólo me quedan dos de tantas como había. Tal vez me queden hasta que me vaya.

"¿Quién? ¿Quién? ¿Quién?", dicen con voz aguda los pájaros de metal desde lo alto de los paraísos.

"Yo, Lía. Nada más que Lía que vuelve desde el porvenir."

"No hay nadie, no hay nadie, no hay nadie", contesta la torcaza de pecho dorado desde el palomar que me corta el camino. Lo disuelvo con un soplo. Detrás está la puerta. No necesito llave para entrar. No perdí la inocencia. Lo he visto escrito sobre las tablas de otra ley. Empujo. Aparece un gran muro que me mira con mirada ciega.

"El mapa, el mapa de humedad y de moho ceniciento donde descifraré en muchas paredes mi destino."

No puedo quedarme aquí. Debo buscar la puerta. Un paso hacia atrás y da al vacío en el que ruedo cada noche asida a un trozo de fe que me sobrepasa, como una sábana en la que me enredo, o arrastrando las naves de una catedral convertida en un cielo derribado.

"En el fondo hay un jardín", repito mientras caigo.

"Mamá, madre", grito. Y ella me arrastra hasta el salón de las recepciones y los duelos. "¿Por qué estoy?" "Porque los niños nacen." "Nacen, ¿cómo?" "Un hombre y una mujer se unen." "¿Para siempre?" "Sí, para siempre, porque siempre es una eternidad, generación tras generación." Y me enseña un abecedario cuya clave está encerrada en un lugar que ignora, y la abuela también, y la madre de la abuela, y la madre. Nadie lo heredará de mí. Yo seré la primera en desconfiar de la trampa de mi condición. Se disolverá en mi sangre: a roja, b bermellón, c rubí, d granate, e púrpura, f escarlata, y así hasta el final.

"Papá, padre", grito. Y él me arrastra hacia las escaleras en forma de caracol, hacia el corredor de muchas puertas que se abren y se vuelven a cerrar. "¿Por qué estoy?" "No lo sé; nadie te esperaba." "Y entonces, ¿por qué?" "Un hombre y una mujer se unen." "¿Para siempre?" "No, siempre es un momento de nunca, generación tras generación." Y me enseña un cálculo que no significa nada más allá, ni para el abuelo tampoco, ni para el padre del abuelo, ni para el padre. Nadie lo heredará de mí. Yo seré la primera en confiar en la libertad de su condición. Se resolverá en mi sangre: 1 + 1 igual a 2, 2 - 1 igual a 1, 1 + 1 igual a 2. 2 - 1 igual a 1, y así hasta el final.

Y en el final después de cada corredor está otra vez la puerta que deja pasar una nervadura de resplandor de abajo arriba a lo largo de toda la hoja que tiembla en medio de la tormenta nocturna mientras tiemblo pero adentro hay un calor que en vano buscaré en otra parte cuando me acerco para reclinar la cabeza junto a las siete cabezas inclinadas sobre un libro de estampas que ya comienza a ser un álbum de fotografías desteñidas o una bola de cristal donde se podría consultar el porvenir porque la niñita encapuchada de azul se ha quedado a solas con el azoramiento y el temor bajo los copos de nieve que se agitan junto al gran muñeco que durará hasta la primavera hasta el amarillo viejo de las partidas de nacimiento que nadie se llevó cuando se fue en el coche confundido con la volanta que avanza cubierta de flores en el Día de los Muertos por el damero vertiginoso de la galería y se une a la otra volanta en la que parto al encuentro de lo desconocido irremediable hacia la irremediable soledad que hay detrás de cada cara a la que llamo con su último nombre para que se vaya cuando ya no está con la misma desesperación apasionada de tener que partir dos minutos después con el mismo hambre de loba con que disputo la porción de desdicha que me corresponde en lugar de costumbre en lugar de piedad para acariciar mi cabeza en el espejo de la primera comunión enemigo del milagro o milagro al revés en el que creo frente a este campo de girasoles que habrá que abandonar en el fondo del sótano aunque a veces me despierte de manera corpórea la mano de mamá que se quedó para siempre bajo las raíces de un rosal después de haberme balanceado en un balanceo que todavía continúo en un adiós mientras parto en el tren vestida de viajera hacia la felicidad que se desliza por la trampa hasta estas cuatro paredes que huelen a pino y dan a un mar con manchas de tigre encerrado en la jaula donde vuelvo a hacer el recuento de mi invulnerable anatomía la misma a través de tantas edades cubiertas con la misma piel debajo de otras manos una mano para ganar la otra para perder y el resultado será el mismo aunque haya apostado el porvenir a un juego que se llama para siempre jamás entre las piedrecitas que guardo como único premio en el cajón de la cómoda donde arde inextinguible adentro de su caja aterciopelada el farol de las luciérnagas recogidas en el parque bajo los eucaliptos en medio de un olor que me arroja a las sábanas rugosas de una cama donde en medio de la fiebre puedo ver la cara de papá llorando sobre la cara desaparecida de Alejandro que se marcha en el carro de Elías y me deja esta cara que robé sin ninguna intención tal vez en el momento en que yo misma regreso de la muerte cuatro años atrás pasando de una tina de agua helada para el cielo a una tina de mostaza que hierve para el infierno no una palangana donde mojo mis pies para morir después del primer castigo reflejado en la tetera de plata donde uno se alarga en una llama que se consume en sí misma rodeada por el empapelado rojo y el roble de un comedor que conozco desde que nací y en el que estoy sentada en medio de la isla para festejar este año nuevo en el que nadie me dice Lía toma tus doce uvas agrias y verdes una por cada mes del año a lo largo de treinta y dos años para que las desgrane como la abuela desgrana su rosario debajo de la carpa de oxígeno y hace señas que nadie comprende sin duda porque no son para acá para este costado de la tapia donde todavía hay un círculo alrededor de unas letras leprosas "DTG" que quizás quieran decir Dios Te Guarde bajo la *boiserie* con olor a polvo y a gasa y a tartalán de carnaval tan parecido de una lentejuela a la otra de unos ojos a otros ojos cuando uno se mira para encontrarlos de verdad y no para quedarse porque sí y se lleva la polvareda de los años de sequía para esconderlos avergonzada debajo de la cama con hierros y bronces a los que se aferra mientras llora porque se es enana desde la cabeza hasta los pies y porque cada paraíso recuperado de manera particular es un paraíso vuelto a perder entre los nombres propios de los cuadernos siempre asida a los barrotes de madera aferrada al talismán de la fe para izarme hasta el borde de las pesadillas y salir del desván donde se guardan las cabezas cortadas de todas las edades junto al maniquí con las medidas que no sirven para nadie salvo tal vez para esos seres transparentes que aprovechan que ha dado la una y descienden hasta la sala dorada donde las polillas han convertido en momias habitables los sillones en los que debo sentarme de cara a la pared hasta ahogarme en el agua de las mayólicas para expiar mi caída que es la caída de todos la caída de Dios en cada uno que no puede juzgarlo porque es el mismo Dios en tránsito hasta rehacer el cielo por encima de la disconformidad de su primera perfección pues de lo contrario no habría motivo para tenerlo dentro anulando el mal ni para haber venido ni tener que repetir la historia hasta el juicio final que es su propio juicio es decir el de todos reincorporados a la unidad de tiempos y personas de verbos transitivos intransitivos intransitados por la anestesia de la memoria perdida entre la arena donde Laura sepultó su anillo de siete hilos para recordar que es mejor olvidar y yo mi medalla de bautismo con Nuestra Señora del Perpetuo Socorro para saber definitivamente que desde entonces sólo acude cuando se llega al límite de la división de las aguas profundas porque hay que atravesar capas de orgullo hasta la carencia total de la mano izquierda despellejada por la mano derecha a la que busca o de la que huye debajo de la almohada como si fuera otra tabla de salvación o de naufragio y tal vez sea otra en uno mismo como otra mano puede ser y es la continuidad de nuestra propia mano sin nombre que diga mía ni siquiera en el momento en que uno se lanza hacia otra costa para alcanzar al que ama desde este rincón del cuarto al que volvemos inexplicablemente envueltos en piel de dos con la evidencia de la separación aunque hayamos creado este monstruo que nos devora bajo la luz de esta lámpara con flecos de mostacillas verdes y rosadas que se prolongan como un reguero de hormigas hasta un farol de barco carcomido que se apaga cuando se enciende un globo de opalina blanca y el resplandor de los tres corre como una nube desde la ciega revelación hasta la ciega ignorancia reflejada en las tazas para el chocolate de todos los cumpleaños en la porcelana celeste amanecer con la rosa en el fondo entre el vapor de invierno que se pega a los vidrios donde surge vestida de fantasma María de las Nieves con su mejor aullido para atormentarme mejor sin saber que ahora que no está daría los ojos que no querían verla con tal de que volviera con el mismo traje que abandonó entonces por el de treinta años después cualquiera sea el momento en que vuelva a decirme que los niños se forman por las emanaciones de dos frascos destapados para disolverse de la misma manera y pudiéramos hablar de todos estos objetos que están confundidos en los cajones de una cómoda y terminan en precisas reparticiones del corazón esperando una voz que los despierte para decir amén y alzarse presionados en el resorte de su vida secreta o caer disgregados con un ruido atroz de crustáceo que se resquebraja contra el piso ya sin temor de asfixiarse bajo las cascadas de encajes que la abuela teje con una paciencia comparable a la del ángel de la guardia desvelado al borde de todos los insomnios en que estoy a pun-

to de caer por cortar una flor azul en que veo crecer los hermé-
ticos organismos que me acechan sin duda desde lo que puedo
ser desde lo que espero no ser porque de pronto me asalta el
terror de que aún vivo para trasgredirme en lo que soy para
cometer mi crimen y tal vez sea eso lo que me impida juzgar en
lugar de la compasión que es pasión compartida sobre todo
cuando observo cuidadosamente estas manos tan ajenas aun
cuando tengan el dominio de una voluntad que a lo mejor ni
siquiera es la mía extendidas blandamente sobre los tatuajes del
pupitre que continúa en esta mesa de caoba donde yacen con
las palmas hacia arriba a la espera de que alguien me diga
nunca más cortando así el círculo de las repeticiones y de las
equivocaciones o de que me diga encontrarás eso por lo que
excavas sabiendo entonces que no tiene cara de persona ni de
evasión sino de Dios último y de todos modos hemos excava-
do tanto bajo las maderas de uno a otro piso ranura por ranura
en busca de una aguja que nos uniera aunque más no fuese en
el mismo hilván hasta seguir la línea de un horizonte invisible
y comprobar que el suelo podía ser el techo sobre todo cuando
uno rueda boca arriba boca abajo por las chapas acanaladas del
granero porque hay que alcanzar magistralmente la canaleta de
desagüe sin caer al otro lado en una carrera que gana siempre
Laura mientras yo soy siempre la niñita rezagada por el vértigo
hacia arriba derribada por el vértigo hacia abajo y por el horror
al vacío no a la soledad que elegí para no conciliar paciencia y
aventura para no ser tú y yo en tibios encuentros sobre el tablón que atraviesa el estanque lado a lado desde un frente de
casa a otro frente de casa que se unen y forman varios cuartos
debajo de mi frente para guardar la intemperie por la que tran-

sito tomada de la mano de tía Adelaida que era un junco y me va a llevar al parque de diversiones con un novio distinto que acaba por morir y habrá que guardarlo con su traje de gala en la vitrina y raspar las iniciales de las alianzas pero aún no lo saben y me permitirán tomar cerveza hasta que empiece a ver girar las luces de Bengala encendidas por el alcohol que alimenta todas las nostalgias con el cielo que va desde el anochecer hasta la madrugada y las proyecta en esta pared donde las sombras chinescas se confunden con las cabezas de los animales que se me contagian cada vez que Alejandro me lleva al jardín zoológico y no consigo recortarlos de los límites de mi propia cabeza con corona de angelito en el día de la procesión o tocado de plumas negras rozando esta otra pared que no me resguarda de las apariciones y permite en cambio todas las desapariciones y contra la que podré llorar siglos aprendiendo a combinar las intenciones perversas y reveladoras de cada imagen sabiendo al final que cada vez creo menos en lo que veo sin que nadie me interrumpa hasta que comprenda que ya es demasiado tarde para volver a colgar un par de pantalones de hombre y una falda mía repetidos hasta la eternidad en la misma percha dentro de este ropero que debe de estar lleno de pañuelitos húmedos estrujados por muchas desesperaciones en el mismo monograma que no significa nada que es una impostura desde el comienzo hasta el final y comienza sin embargo con la letra primera de un nombre que se fundirá sin duda con todo el alfabeto para tener algún sentido pero que hasta ahora es el mismo nombre con el que me llaman para ir a columpiarme al jardín o para anunciarme las grandes desgracias o para amenazarme con los duendes a la hora de la siesta o para que

sea yo quien diga nunca más por tres veces antes de que cante
el gallo rechazando todo simulacro de adhesión a la felicidad
porque aún creo en la conjunción desesperada del sol y la luna
sobre la tierra sobre la terraza donde extiendo el tarot y aparece
la carta del ahorcado descifrada tantas veces para otros que sin
duda son otros tantos yo con la precisión de un despertador
que me arroja cada mañana a la misma condena de abrir inevi-
tablemente cuando llaman aun cuando sienta que no hay nadie a menos que todos estemos cayendo hacia el abismo del
mismo cielo.

"Mamá, papá", grito mientras caigo. Veo los dos rostros aso-
mados al borde de la total oscuridad.

Uno avanza como una proa, a prueba de todo lo que se va,
envuelto por el halo de lo irrecuperable, labrado por cuchillos
que están hechos para tallar la fe, borroso tras las partículas de
sombra en que se rompe la luna a los veinticuatro, a los veintiocho, a los treinta y seis años. Pero mamá no es mamá. Es la
semilla ignorante de mí misma.

El otro huye como una nave que se va, a prueba de todo lo
que queda, envuelto por el halo de lo inalcanzable, labrado
por cuchillos que están hechos para quebrar la fe, borroso tras
las partículas de luz en que se rompe el sol a los veinticuatro, a
los veintiocho, a los treinta y seis años. Pero papá no es papá.
Es la semilla ignorante de otros hombres.

Giro como la tierra adentro de este pozo. Algo me aspira.
Subo. Mamá, papá, yo: un espléndido eclipse sobre la esperanza de una raza.

¡Despertad y cantad, moradores del polvo!

—¡Moneda grande para la Loraaa! —grita la aparición del sombrero amarillo, y avanza a rescatar su pieza, con el movimiento de la reina de ajedrez, sólo que vestida de mendiga y con vacilante paso de mendiga, a lo largo del tablero embaldosado de la galería.

—¡Moneda grande para la Loraaa!

Y yo imagino una moneda tan grande como el sombrero, pero brillante y limpia, con una cara que está dentro de la moneda y no dentro del sombrero, como la mitad de esa que no veo, pero que sin duda me verá desde algún vuelo del ala amplia y desteñida. Por eso trato de esconderme detrás de la abuela, pero no me será posible hasta que ella no termine de retirar del fuego la paila de cobre con cristales de color naranja, que hasta hace un momento hubieran sido tan lindos para mirar los helechos y las nubes al trasluz.

—¡Moneda grande!

La moneda grande que imagino no ocupa el lugar de la Lora en el tablero.

De todos modos, esa mitad de cara que avanza ya es algo y no es de pájaro. Además está por primera vez sobre la tierra, por primera vez más alta que la mía, disimulada a medias por el trozo de falda de la abuela.

(Porque echada boca abajo sobre la tierra mientras llueve, he visto ya dos o tres veces "eso" a través de las ramas, las chapas y la paja que cubren su madriguera: la Lora sin cara detrás de la enramada, no en lo alto, sino abajo, como sepultada con su jaula, y el sombrero que parecía desplazarse en el aire entre uno y otro de los dos bancos de tierra adosados a las paredes de tierra de la cueva, y el muchacho acostado boca arriba, con la boina roja encasquetada hasta los ojos, cubiertos también por un fleco de pelo negro; todo bajo la cantilena infame, reforzada por el tamborileo del agua o el granizo: "¡Que llueva, que llueva! La vieja está en la cueva. Los pajaritos cantan, la vieja se levanta.")

—¡Moneda grande para la Lora! —vuelve a plañir desde la puerta de la cocina, casi llorando, no por pico de pájaro sino por boca blanda contraída sobre la barbilla estrecha, bajo la nariz afilada y no pico de pájaro, entre los pómulos salientes sombreados por el ala del sombrero.

A pesar del sombrero amarillo eso hace sombra, mucha sombra, y no sombra de pájaro, desde el resplandor y las hojas casi transparentes hasta el olor de lavanda y manzanas de la tela que despliego y me defiende. Quizá sea por el negro vestido harapiento y los negros zapatos embarrados, quizá por la piel terrosa, como contagiada de la sustancia en la que se ha abierto paso y encerrado, quizá por los ojos que no se ven ni se ve que vean.

—¡Moneda grande! —repite, no en un pregón, por cierto, sino en un reclamo. La voz también está contagiada por la tierra; sale como un crujido de raíces que se quejan en lo hondo al ser arrancadas de la oscuridad, o como si estuviera excavando para encontrar esa moneda que pide.

Y sin embargo el sol brilla deslumbrante de verdad, cuando la sarga negra me descubre, se me escurre y huye, con su olor a frescura, adherida a la abuela, mientras yo trato en vano de asirla nuevamente.

—Pase, Clementina. Quítese el sombrero, siéntese y cuénteme qué le pasa —dice con naturalidad la abuela, y se sienta indicándole el banco que está junto a su silla. Ha hecho una pequeña pausa entre una y otra invitación, esperando que se fueran cumpliendo, pero como eso no sucede ni siquiera desde la primera, formula las otras tres, aunque se supone que la última es la única importante.

Después de una tensa vacilación, la semienmascarada en loneta amarilla inclina la cabeza con una oreja alerta hacia lo alto como para escuchar la autorización de su jefe invisible. Yo preferiría el "no", pero es "sí"; la Lora entra. Pero en vez de quitarse el sombrero, sentarse y contar qué le pasa, se arrodilla, levanta las dos manos hasta tocar la copa del sombrero y las deja allí mientras murmura:

—Señor, tú estás sentado a la diestra de Dios Padre Todopoderoso: hágase tu Santa Voluntad. —El tono sigue siendo monótono y plañidero; las eses silban como un viento subterráneo en el amplio corredor abierto entre dos dientes.

La Santa Voluntad dice "Hágase" con la voz de la abuela, extiende el brazo de la abuela, toma el sombrero y lo deposita en el banco donde debería estar yo si me hubiese adelantado en lugar de quedarme aquí, atrás y abajo, sentada sobre este tronco de quebracho, desde donde puedo mirar cuando quiero y oír cuando no quieran, si no me ven, también.

La Lora obedece, asintiendo hacia el cielo. Ahora veo su cara por completo y no es de pájaro, aunque tal vez lavándola, quién sabe. Sin embargo son evidentes los cinco o seis lunares, a menos que sean un detalle más del luto y también se puedan borrar, lo mismo que las pestañas que bajan en rígida cortina sobre los ojos que no quiere mostrar. Tampoco tiene pelo de plumas verdes, aunque baje en dos alas caídas hacia atrás.

—Cuénteme qué le pasa, Clementina. El Señor no puede oponerse a que me cuente qué le pasa. Estoy segura de que el Señor quiere ayudarle por mi mano —insiste la abuela, y su mano, esa mano ágil, acompasada e insistente que continúa la mano del Señor y acerca de cuya obediencia tengo muchas dudas porque estoy segura de que se adelanta a la Voluntad del Señor, alisa el hule azul, sumergida en los encajes luminosos e inasibles, que vibran, se desplazan, se rehacen. También esos encajes tan sensibles deben de ser el reflejo desobediente de los otros, de los verdaderos, ya que nunca los puedo encontrar en el dibujo del parral o de la enredadera. Y lo mismo sucede cuando en lugar de encajes se forma el movimiento del agua —el movimiento solo, sin el agua—, que me gustaría tanto saber dónde está. Aunque es posible que entre el modelo y su reflejo haya la misma distancia que entre la mano de Dios y la mano de la abuela, o ninguna distancia; tal vez se confundan de pronto en uno mismo y no haya necesidad de obediencia ni de desobediencia.

Miro a la Lora. La Lora la mira. Por primera vez veo que la Lora mira, pero no veo casi nada, nada más que los párpados que bajan y le dan ese aire de aflicción, porque en las pupilas oscuras sólo hay una fija y opaca vaguedad, como si estuvieran sumergidas hacia adentro, en otra parte. Tal vez sigan mirando desde adentro de la tierra a través de esos ojos de dibujo afligido. Tal vez sepulten todo lo que miran en un encierro a ciegas. Hay ojos de los que es mejor huir a tiempo. Uno se queda quieto frente a esa extensión pareja e indiferente, y cuando quiere alejarse ya está enterrado vivo. En cambio, si en algo la sumergen los ojos de la abuela es en el agua fresca de ciertas mayólicas, el agua transparente con chispas plateadas. Pero eso no le quita a la Lora su color terroso.

—El demonio volvió, doña María Laureana. Yo no hago nada sin esperar la Santa Voluntad, porque la voz dijo: "Deja tus huérfanos, yo los criaré y en mí se confiarán tus viudas". Pero la Santa Voluntad ha dispuesto que volviera. Es el mismo demonio, el mismo de la otra vez, doña María Laureana. Lo conozco porque éste no es de los rojos, no es de los que están ardiendo. Éste ya fue apagado y consumido y es negro como el carbón —dice de una sola vez, sin una sola pausa y sin una sola variación en la voz llorosa, como no sean esos dos tonos superpuestos, uno agudo y otro grave, el primero casi cubierto por la cascada del segundo, salvo en ciertos momentos en que logra asomar un bordecito chirriante y quebradizo que se esconde en seguida. Da la impresión de que estuviera leyendo lo que dice o viéndolo allá en lo alto, donde yo no veo nada, a menos que haya que descifrar ciertas sombras, ciertas manchas, que es mejor abandonar cuando continúa—: Está sentado a la derecha o a la izquierda no a la diestra, otra vez a la derecha o a la izquierda. Entra en el humo y sale del humo con la chaqueta llena de espejitos, el pelo chamuscado y dos estrellas caídas a los pies. Entra en el humo y sale del humo y hay olor a carne quemada y canta y canta.

La abuela se ríe. De repente se ríe con el demonio. Es tan desconcertante como la más horrible de las transformaciones; es como si una nube de un color que no es de nube cubriera la luz de la ventana, y yo me quedo sin nadie, a merced de lo que va a llegar, hasta que dice:

—No, Clementina, porque yo conozco a los dos, y le aseguro que éste no es el demonio. Es Eleuterio Rivas, el vigilante, que se ha mudado a la casilla de al lado de...

Y la abuela vuelve a estar de repente, y el sol brilla espléndido de nuevo, como debe de estar brillando en los botones plateados del uniforme del negro Eleuterio, sacando chispas de sus botas y haciendo titilar las estrellas que rematan sus espuelas, a pesar de que sus ojos, a cualquier hora del día que se miren, parecen ojos encontrados en un pasillo a oscuras. Y sin embargo no dan miedo.

—Sí, es el vigilante. Es Eleuterio Rivas que se ha mudado a la casilla de al lado de...

(¿Cómo lo dirá? Sé que no quiere decir "cueva", pero sé que es eso lo que quiere decir, porque ayer al atardecer el negro Eleuterio estaba sentado junto a la casilla, tocando la guitarra, entre el humo, las brasas y el olor de la carne asada. Y unos pasos más allá, en la entrada de la cueva, no había un par de pies, ni dos, sino el sombrero amarillo y la boina roja, a ras del suelo, como flotando sobre la enramada, y adentro del sombrero y de la boina estaban ellos, la madre y el hijo, la Lora y el Perico, vigilando al vigilante, por lo que le oí decir a María de las Nieves —o mejor dicho, casi no le oí a causa de las carcajadas—, y los dos pares de pies invisibles estaban más abajo, apoyados en algún peldaño de la escalera invisible.)

—...al lado de su gruta —concluye con un esfuerzo la abuela, feliz sin duda de haber encontrado una palabra prestigiosa, con resonancias de vírgenes milagrosas, de anacoretas en lucha con la tentación, de agua que brota de las piedras—. De modo que quédese tranquila. No puede tener mejor custodia.

—¿Ángel de Dios que eres mi custodio? Ángel caído, doña María Laureana. Cuando Caín mató a Abel por el fruto de mi vientre Jesús, yo estaba sola en el altar menor y había recibido la anunciación del ángel. Entonces vino el demonio con la chaqueta llena de espejitos, el pelo chamuscado y dos estrellas caídas a los pies. Y Caín no estaba porque se escondió de la mirada del Señor, y Abel no estaba más que bajo la mirada del Señor, desterrados hijos de Eva. Y el demonio me preguntó por Caín y yo le contesté: "¿Soy yo acaso el guardia de su hermano?"

Abre los brazos lentamente y sigue mirando hacia lo alto, como si no esperara la respuesta del demonio sino la de Dios, también para este momento en que la abuela desparrama con el golpe de su mano impaciente todos los hilados de la luz y dice con reconvención:

—No. Ésa no es la historia, Clementina. Se lo he dicho mil veces. Es mejor que no la repita más.

(Yo sé que porque la repite las pocas veces que habla —de lo contrario casi no habla— la llaman la Lora, y sé también lo que quiere decir la abuela al decir que ésa no es la historia, porque ayer tía Adelaida se lo explicó a María de las Nieves para que dejara de reírse a carcajadas. "Laura y Lía, caminen adelante y hablen de sus cosas", nos dijo. Esa fue la única precaución, y como no teníamos "cosas" y sí una gran curiosidad, fuimos disminuyendo la distancia o anulándola casi completamente, como cuando cortábamos flores de manzanilla a un costado, de espaldas, pero en silencio y al ritmo de sus pasos. Y a medida que el ramo crecía sabíamos que no había Caín, ni Abel, ni Virgen María, ni demonio. Había alguien que se llamaba Juan Pedro, y era el marido y estaba lejos, y alguien que se llamaba Jaime, y era el hermano del marido y estaba cerca, y ella, que entonces se llamaba Clementina Domínguez y no estaba en ningún altar con ningún sombrero, sino en una casa construida sobre la tierra, en la que Jaime tenía una ventana para entrar por las noches y salir de madrugada.)

La abuela se lo está diciendo todo con esa mirada significativa, aunque sólo le diga:

—Cada uno sabe su historia y algunas otras, y ésa no es la suya. No insista, Clementina —y en esta última frase hay una cierta amenaza o un aviso.

—Es la Historia Sagrada —contesta atónita la Lora. No puede comprender que la Historia Sagrada no sea la de todos, o cree que cada uno tiene dos: la sagrada y la otra. Aunque sin duda las suyas se han confundido tanto que ya no sabe cuál es una y cuál la otra. De todos modos, esa inocencia es verdadera y testimonia que jamás, cualesquiera sean el tiempo y el lugar donde se jueguen una y otra, jamás verá la suya sin inmaculados ropajes.

—La suya no es historia sagrada, de ningún modo; pero es mejor tener la que tiene que no tener ninguna —insiste la abuela con esa caridad tierna pero implacable con que viste al hambriento y da de comer al desnudo, a menos que asuman la realidad absoluta de su desnudez y de su hambre—. Tiene que admitirlo por su propio bien —concluye con un tono en el que se enciende la señal de peligro.

La Lora la mira con la impotencia de la santidad indemostrable: es la luz contra un muro. Son dos luces contra dos muros. Después vuelve a comenzar con esa voz monótona, sin principio ni fin:

—Cuando Caín preguntó: "¿Dónde estás?", Abel respondió: "Oí tu voz en el huerto, y tuve miedo, porque estaba desnudo; y me escondí". Caín se levantó contra su hermano Abel y lo mató. Entonces vino el demonio con la chaqueta llena de espejitos, el pelo chamuscado y dos estrellas caídas a los pies, pero Caín ya era errante y extranjero en la tierra. El demonio descendió a los infiernos, el Señor subió a los cielos y yo me aparté de mis altares para dar a luz. Mas entrando el ángel en el pesebre donde yo estaba dijo: "¡Salve, muy favorecida! El Señor es contigo: bendita tú eres entre todas las mujeres..." Después volví con el niño para ocupar mi puesto en el altar mayor...

—¡Basta, Clementina! Póngase en su lugar. Está confundiendo todos los nombres, los hechos y las personas. Esos dos no se llaman Caín ni Abel, ni nadie mató a nadie. Y usted no es la Virgen María. —La interrumpe casi colérica la abuela, aplanando fuertemente con ambas manos los encajes que las traspasan, vibran y despiden un polvillo dorado sobre su piel.

(Y eso también lo sé, porque tía Adelaida se lo contó a María de las Nieves —que ya no volverá a reírse, cualesquiera sean la altura y el momento en que la boina roja y el sombrero amarillo aparezcan o desaparezcan—, cuando le preguntó: "¿Y ya era 'así'?" "No, no del todo. Rara siempre fue, pero al revés." (¿Cómo sería al revés de lo que veo y oigo, cómo se recorrerá ahora para saber cómo era al revés?) "¿Y entonces?" "Bueno, entonces cuando él volvió (ese es Juan Pedro), se dio cuenta en cuanto la vio (esa es la barriga de la Lora). El otro se escapó (ese es Jaime), pero lo alcanzó en los fondos de la casa y le abrió la barriga con el cuchillo." "¿A ella?" "No, ¿no te digo que a él? Ella llegó justo a tiempo para verlo, y eso fue lo peor." "¿Antes de que muriera?" "No, si no murió. Se juntó los bordes de la herida con las manos y llegó hasta la casa del doctor Tavolaro. El marido se escapó." ¡Ojalá que no me descomponga todavía! Tengo gusto a sal en la boca, pero tengo que aguantar hasta el final. A lo mejor, si muerdo esta florcita de manzanilla... "¿Y ella qué hizo?" "Primero se quedó en la casa a esperar; después se sentó en la puerta del hospital a esperar, y ya hablaba de Caín y Abel y decía que el demonio la interrogaba y que ella había tenido que dejar sus altares." "¿Y él qué hizo cuando salió del hospital?" "Él se fue por la puerta de atrás y no volvió nunca más." "Pero ¿nunca, nunca, nunca más?", pregunta Laura desesperada, como si nunca nunca nunca pudiese ser un poco menos que nunca, y rompe con su apremiante consternación todo el disimulo que hemos mantenido hasta ahora. Tía Adelaida se pone algo como una lágrima en un ojo con el dedo meñique —siempre le gusta demostrar que llora aunque no llore— y contesta distraída, sin advertir que ahora no están solas: "¡Nunca!" "¿Y el marido?", pregunta María de las Nieves, mirándonos de reojo con divertida reconvención. "Tampoco", le contesta compungida. Y sólo entonces sus ojos y su boca se abren desmesuradamente, redondeados por la sorpresa, porque acaba de descubrir que somos cuatro, si nos cuentan a nosotras dos o a los dos ramos.)

No, no hay duda: no es la Virgen María.

—¿Usted sabe a qué conduce querer ser la Virgen María? Sabe muy bien que no conduce a nada bueno. Recupérese a tiempo, por favor.

El tono y los ojos de la abuela ya son algo más que relámpagos de alarma; son casi la llamada que acompaña una caída. Asoman sofocados por la polvareda del desmoronamiento. Ahí está el vacío. La Lora tuerce la boca floja y entreabierta, lanza un pequeño grito y llora, humilde, lastimosa, desgarradoramente, detenida en el aire por sus propias sacudidas, debatiéndose en mitad del abismo que acaba de reconocer y que trata de remontar aferrándose a la mano de la abuela, esa mano que ha procurado asirla durante todo el tiempo y que no teme nunca a ningún contagio; no digamos ya al de la tierra que se adhiere, ni siquiera al del miedo que se escurre sobre la otra piel.

—Yo nunca fui la Virgen María, el Señor es contigo. No está conmigo a la diestra de Dios Padre Todopoderoso. Yo no soy la Virgen María, bendito sea el fruto de tu vientre Jesús, fue crucificado, muerto y sepultado, subió a los cielos. El mío está en la tierra, por los siglos de los siglos, porque la voz me dijo: "Desciende y siéntate en el polvo", y yo puse mi cuerpo como tierra y como camino a todos los que pasan, todas las naciones y los habitantes del mundo. Por eso me aparté de tus altares con mi niño, Santa María, llena eres de gracia, de gracia, de gracia... Rece conmigo, doña María Laureana —murmura más bajo, sin interrumpirse y ya sin llanto, porque la mirada azul la está aspirando por terreno firme, y ahora sólo se trata de llegar hasta el final sin desfallecimientos, de atravesar al revés el camino del Calvario al que estuvo a punto de llegar y de ser reconocida—. Asístame, doña María Laureana. Nunca Virgen María, madre de Dios, Hijo y Espíritu Santo, todos en lo alto, todos vestidos de blanco...

Pero ahora es cuando está mintiendo, no antes. Está simulando para salvar al Perico de la crucifixión. Está huyendo a Egipto a su manera.

(Y hasta lo que no dice y apenas si se adivina yo lo sé, porque tía Adelaida nos contó después —"¡Qué barbaridad! ¿Qué vamos a hacer con tanta manzanilla?"— que estuvo un tiempo vagando por los campos, hasta que nació el chico, y un día apareció con él en la iglesia y aplaudió. Pero no aplaudió al sermón del Padre Indalecio; aplaudió desde la puerta para avisar que había llegado, avanzó hasta el altar mayor y quiso ocupar el nicho que estaba vacío. En seguida el Padre Indalecio les pidió a todos que se fueran y le habló. Le mostró una por una las imágenes sagradas y las estaciones del Vía Crucis para que comprendiera que no había identidad. Entonces empezó a gritar que no era la Virgen María, que su hijo no tenía por qué padecer bajo el poder de Poncio Pilatos ni morir crucificado, hasta que cayó como fulminada. Cuando se levantó dijo que ella se encargaría de salvarlo. Después la vieron cavar su cueva "para morder el polvo sin vanidad y no edificar sobre la arena, para esconderse un poquito, por un momento, en tanto pasaba la ira". Desde entonces vive allí, pero como ha olvidado su historia repite esa otra, confundiendo los nombres, los hechos y las personas, y cuando llega sin darse cuenta a algún momento del Calvario, vuelve a caer como fulminada y a tener convulsiones. Eso es lo que trata de evitar la abuela cuando le recomienda que no sea la Virgen María para no tener que ser la Dolorosa, y aunque la abuela crea que si pierde esa historia recuperará la suya, y con ella la razón, tía Adelaida opina que si la recuperara la perdería otra vez, es decir dos veces, o tantas veces como la recuperara después de haberla perdido.)

—Amén —dicen las dos voces. Las manos se sueltan y la voz salvadora continúa—: ¿Ha visto? Hay que ser razonable, Clementina, La Sagrada Familia está en el cielo y los pecadores en el mundo.

—Sí, sí, moradores del polvo, por mi culpa, por mi culpa, por mi grandísima culpa —musita ya tranquila, con los ojos fijos en lo alto, mientras el puño de tierra opaca golpea contra el pecho, arrancando una tristísima resonancia de esa otra caverna que algún día "descubrirá sus sangres, y no más encubrirá sus muertos"—. ¡Gloria al Padre, a la Madre, al Hijo y al Espíritu Santo...! —prosigue con su patética mansedumbre, apretando su invisible puñado de culpas.

Aunque los labios se mueven, ya no se la oye. Casi podría pensarse que se ha dormido, que esa es su manera de dormir.

Ha llegado el momento de vestir al desnudo. La abuela se pone de pie y sale sigilosamente de la cocina. Sin duda regresará con uno de esos envoltorios que encierran su obediencia y la inextinguible caridad del Señor.

Me cambio de lugar. Tampoco creo ahora que pueda contagiarme nada: ni plumas, ni miedo, ni siquiera la fija y vacía inmovilidad con que empieza a cercarme la mirada, un instante antes de que la atrape el sol, que también se ha inmovilizado. Ya no juega a dibujar la trama luminosa e ilusoria sobre el hule. Se ha condensado en una pálida moneda, y hacia ella se desliza, vacilante, la mano de la Lora. Tal vez suponga que es la respuesta para su oración. Tal vez no lo crea del todo, porque la mano gira bordeando el círculo con el índice, muy lentamente, tratando de desprenderlo pero sin duda temiendo que pueda penetrar en él. Antes de que lo compruebe saco una moneda de mi bolsillo y la coloco encima, donde queda pequeña y aureolada. Es realmente un prodigio. ¿Un prodigio? Ha creído que mi mano se la está disputando, porque aparta la suya bruscamente, como con una quemadura. Me siento humillada: no sé jugar a los milagros.

—Moneda grande para la Lora —digo casi en secreto, contagiada ahora de su plañido.

Sonríe. Esa ondulación deshilvanada de la boca debe de ser una sonrisa. Extiende un brazo sobre mi cabeza, sin tocarla, como si estuviera nimbada por un halo semejante al de la moneda. Quizás el sol haga algo semejante alrededor de mi cabeza. La manga del vestido cae sobre mis ojos. Siento el olor de la tela: olor a miel, a hoguera lejana, a crespones húmedos; olor acre, dulce y áspero a la vez.

Entonces llega Pepa con la gallina. La trae sujeta por las patas y por las alas. La gallina es blanca. Se resiste. Es una confusión de chillidos apremiantes, de duros aletazos y de plumas revueltas. Es la protesta por un vuelo que han encerrado a ciegas. "¿Por qué yo? ¿Por qué yo? ¿Por qué yo?", grita la gallina. En la cara de Pepa la respuesta es implacable y resentida. Está sentenciando al mundo en la gallina.

La Lora desanuda un pañuelito de color indefinido. Lo abre despaciosamente, estira las puntas y alisa los bordes sobre la mesa. En el centro rugoso hay una perla, un abrojo, un botón anaranjado y un caramelo de frambuesa. Coloca también la moneda y observa con incredulidad sus tesoros. Toca el caramelo con la punta de un dedo. Temo que vaya a renunciar a él en honor mío. No sabría qué hacer. La piedad tiene un sabor acre, dulce y áspero a la vez, como el olor de la pobreza, y clama como un ave sofocada hacia adentro, no hacia afuera.

Vuelvo la cara justo en el momento en que un relámpago acerado sube y cae de pronto con un crujido seco sobre el tronco de quebracho. Cuando bajo bruscamente la cabeza ya es demasiado tarde. He visto al cuerpo ascender por el aire, sin cabeza, en un aleteo rápido y torpe, y el cogote abierto en un loco surtidor de gotas rojas. Casi es peor, porque entonces veo también sobre el tronco la cabeza suelta, resignada, que no se siguió ni se buscó en ese cuerpo desesperado por huir desde la muerte. Y tampoco eso evitó que oyera el golpe de la caída y algo como un restañido confuso y breve que no puedo decir si termina en una sacudida.

—¡Se "angelizó" la gallina! ¡Avecita María! —murmura la Lora con voz ahogada—. ¡Se "angelizó"! —repite en un alarido, y sale corriendo de la cocina con los brazos en alto y las manos demasiado vivas, como un puñado de alas que se la llevaran—. ¡El espíritu ha vuelto, doña María Laureana! ¡El Espíritu Santo está con nosotros! ¡Los tiempos han llegado! ¡Alegría, alegría!

Después oigo el golpeteo desordenado de los pasos a lo largo de la galería, y veo la cara definitivamente irredimible de Pepa salpicada de sangre, que se inclina, se acerca, mientras el aire se convierte en un remolino de plumas que me arrastra girando hasta la piedad intolerable, hasta el fondo de toda luz.

Por amigos y enemigos

Un resplandor amarillo y nada más. A la una se apagan todas las luces. El resplandor se sumerge en forma de pez adentro de mis ojos, y cuando la casa está a oscuras puede suceder cualquier cosa: hasta puede comenzar a andar. Es posible que la casa ya esté andando, lenta y majestuosa, con el jardín nocturno empapado de brillante verdor, como si surgiera del fondo de un estanque. Se pone la corona de novia y se va. O es la negra volanta que huye a barquinazos, arrastrada por el silbido de la jauría o por el latigazo del cochero invisible. A veces hay una sacudida de cetáceo y aparece una gran fisura a lo largo de un flanco: está a punto de arrojarme por la borda para poder pasar. Otras veces siento un crujido poderoso, casi calcáreo, y me digo: arranca las raíces y se va; y nos vamos, quiero decir, si no fuera porque el crujido no llega desde abajo hacia arriba, según corresponde a huesos que se arrancan, sino al revés: es más bien como una bóveda que va a desplomarse sobre el estremecimiento de los pilares, ya. ¿Y acaso es mejor esta catástrofe que invento para distraer lo negro que la aparición irremediable de lo negro mismo? ¿No sería mejor que llegara de una vez lo informe agazapado en el rincón que hay entre la pared y el armario? Pronto, algún conjuro. He olvidado que lo informe es lo peor. Puede ser hasta una silla con cabeza de hipopótamo, un velo suelto que me está buscando a ciegas, una palpitación de molusco que va devorando lentamente la habitación, con muebles, Laura y todo. Laura duerme. Últimamente silba cuando duerme. Tal vez tenga miedo. Que no se me ocurra que podría convertirse en una marmita marmota marmuerto mastuerzo escuerzo. Menos mal. Apareció la puerta, justo a tiempo; empezó a aparecer poco a poco en otro resplandor, porque la abuela raspa fósforos blancos como huesecitos, enciende las velas y comienza a rezar:

—Por amigos y enemigos, por conocidos y desconocidos, por vivos y por muertos. Ilumínalos, Dios mío.

El resplandor es insuficiente. Sólo ayuda a no ver o a ver lo que es mejor que no esté. El resplandor es la paleta del diablo y carga más.

—Por mi abuela Florencia, con quien todos tenemos tantas deudas, y se las pagarás, Señor, aunque no quieras, dadas su gran memoria, su previsión y su prolijidad.

La oscuridad es prolija y tiene la memoria previsora de lo que dejó ayer y antes de ayer. Si yo le ayudo un poco podríamos hacer el inventario de los monstruos posibles e imposibles del mundo. Cada noche es un repaso aumentado por combinaciones nuevas, por medias luces que se abren como una trampa para que algo surja. Y siempre surge algo de la luz enrarecida sobre lo negro, de lo negro enrarecido sobre la luz.

—Por mi padre, que sembró tantos hijos como los que conozco, como los que no conozco, y que él preferirá desconocer por igual cuando lo llames, porque era olvidadizo, y a menos que lo hayas mejorado le costará mucho trabajo reconocer a los que no lo reconozcan.

Me reconocen los monstruos. Por eso vuelven cada noche. Se me acercan, y nunca sé del todo cuántos son, porque son inagotables en sus metamorfosis. A veces les pongo nombre, para reconocerlos, pero sin duda lo pierden con la luz del día o alguien les pone otro, porque a veces se repiten y sin embargo no sé cómo se llaman.

—Por mi madre, que estará mucho más joven que yo y podré obligarla a rezar hasta que se le lastimen las rodillas, como a mí, porque ya no estoy dispuesta a volver a sacar hilos en los deshilados de seis ajuares.

Ahora voy a empezar a sentir unos pinchazos fríos en la cara; después viene un roce de escobilla y una cinta que me ciñe la cabeza. Ojalá pudiera dormirme antes de que lleguen, dormirme de este lado que es el costado de mi bisabuela. Si con el último "amén" del Ave María pudiera arroparme en esos hilvanes, en esas nubes algodonosas, blandas, caer en el arcón donde reposan las sábanas y los manteles de seis tías abuelas con olor a manzana, con olor a lavanda, con olor a heliotropo, con olor a jazmín, con olor a romero, con olor a nomeolvides, para nunca, para siempre jamás.

—Por mi hermana Gertrudis, que tenía tanta paciencia como el tiempo para sus peores obras, pero mejores instrumentos, como la mentira, el ingenio y la imaginación; por mi hermana Cecilia, para que la tengas en gloria y a solas, de modo que no despierte a nadie, que nadie le tenga que ayudar a zurcir, a limpiar y a remendar todo lo que tengas que limpiar, zurcir y remendar, y aun lo poco que hayas dejado sano en este mundo; por mi hermana Eduvigis: mejórale la piel y el carácter, para que no tenga que esconderse ni avergonzarse de nadie y nadie tenga que esconderse de ella; por mi hermana Valeria, y olvídate que nunca estaba cuando se la necesitaba, salvo cuando murió; por mi hermana Viviana, aunque nunca aprendió a dar las gracias, a pesar de hablar tanto, y a lo mejor ella tenía razón; por mi hermana Patricia, para que de algo le sirvan la belleza, la indiferencia y la mezquindad.

Nadie está tratando de mejorarme con esta especie de cinta helada alrededor de la cabeza. Éstos no son los lazos de la sangre, y si son, pueden ser traicioneros. A lo mejor me arrastran ahora mismo al centro de una ronda donde giran y me encierran las seis tías abuelas, las seis con el pelo suelto y frío, las seis con color de estatuas celestes o de lombrices desteñidas. A lo mejor me atan para siempre a una jaula y se quedan girando para siempre alrededor, en ese jardín desnudo donde sopla el viento, nada de lazos ni de cintas aunque tenga que defender toda la noche la frente con las manos.

—Por mis cuatro hermanos, todos mujeriegos y valientes, para que por lo menos no te desafíen mientras los vayas sumergiendo en el infierno. Pero antes no te olvides de repasar sus méritos, aunque sean méritos de guerra y otros que no puedo nombrar, porque la decencia no me lo permite y porque todavía tengo muchas cosas que aprender.

No voy a aprender a soportar la noche. Ella me aprenderá a mí, si todavía no me sabe del todo, porque me palpa a lo largo y a lo ancho y a lo hondo de toda la piel. Me cubre con tacto liso, me envuelve en vendas ciegas hasta convertirme en larva, y no me deja un solo trozo de piel porosa para poder respirar. Es mejor no intentar ni siquiera moverse, al borde de lo innominado que ya viene. No sé si lo conseguiría. Y además, ¿mover qué y hacia dónde?

—Por mi tío Julián Ezcurra, bizco y esclavista, y si no lo puedes salvar, Señor, no te preocupes, porque sus huesos harían un buen fuego para todos los que tendrán que arder con él, como su hijo Faustino, tan duro que no habrá mortero para poderlo moler.

Si pudiera moler ese organismo indeterminado que se acerca, respira y demora todas sus intenciones para torturarme mejor; si pudiera alejarlo con una palabra poderosa que nunca llegaré a formular, pero que siento que en alguna parte está; si pudiera disolverlo en todos los miedos del porvenir, aunque aumentara un poco cada uno después, aunque sepa que también serán insoportables cuando llegue el momento. Vamos, que me devore de una vez.

—Por mi yerno Francisco, para que le reserves un trono en este mundo, como conviene al mejor hombre de la tierra; por todo lo que tendrás que hacer para completar tu obra. Y no me vengas a decir que la recompensa está mucho después, porque yo te contesto entonces que si tú no puedes te remitas a algún dios más alto, pero que empiece a actuar, porque yo quiero ver y soy impaciente y tengo bastante prisa por morir.

Ahora voy a empezar a caer en algo que ni siquiera es la muerte. Es una especie de vértigo hacia adentro. Empieza con este sabor a vísceras, con este hartazgo de mi cuerpo, tan ajeno y tan evidente, y del que no puedo desasirme. Es una sustancia que me sobra, y no sé por dónde está cosido a mí o estoy prendida a él. Y de pronto se abre un abismo. Comienza a haber una distancia entre los dos, como si lo que está fuera estuviera dentro, y es por ahí por donde caigo, porque ya no me contiene, de algún modo, porque ya ha hecho alianza con esa otra oscuridad que se clausura y me empuja hacia el revés. ¿Adónde, adónde voy?

—Por mi hija Sofía, tan generosa y altanera, tan excesiva en su bondad como en su cólera. Para que le ahorres lágrimas y amarguras, para que nunca le hagas doblegar la cabeza bajo la humillación, la enfermedad o la penuria. Pero bájale la voz. Y si tienes tiempo, enséñale las medidas, pero que no sean las escasas medidas de los otros, porque entonces será mejor que conserve las suyas.

Y esa es mi madre, que llorando o sonriendo me arranca del fondo de cualquier abismo, de este mismo que ya estaba a punto de alcanzar, porque ella es mi única referencia en este mundo, mi puerta de sabiduría o mi muro de ignorancia. Esa es mi madre, que destruye el ciclón e impide que una hormiga sobrepase su tamaño normal. Esa es mi madre, semejante a una torre en fiesta, a una fortaleza erizada, tan grandiosa como una catedral y tan tierna como la luz de una bujía o un roce de plumas tibias a la entrada del sueño, sobre los párpados pesados.

—Por mi hija Lidia, que murió muy joven. No te hago cargos ni te pido cuentas. Soy tan parca contigo como tú fuiste parco en el regateo de su porvenir. La encomiendo a la Virgen, porque sabrá cuidarla mucho mejor que tú: que no se olvide de almidonarle las blusas, de volver a ordenarle los pinceles y de cambiar el agua a las violetas. Y que la abrigue bien, porque siempre tenía mucho frío, y se fue en camisón, y se dejó todos los chales y los guantes y la esclavina sin estrenar.

Pesados los párpados. No. Creía que era adentro, pero es afuera donde se empieza a formar, donde se está formando eso que al principio es una condensación neblinosa que se expande y ordena y termina en señora. Es una anciana hecha de tules y de fumigaciones transparentes. Siempre llega cuando se nombra a Lidia, con tiempo, con noche, con miedo y con paciencia. Me dilata los ojos para entrar, con mecedora vienesa, con que está y no está.

—Por mi hija Adelaida. Señor, te pido encarecidamente que la perfecciones por cualquier medio, aunque siga quedándose soltera para siempre. Bórrala sin que nadie se dé cuenta, y dibújala de nuevo como yo la guardo; cópiala de cualquier retrato de sus diecisiete años, para que su cara vuelva a tener el óvalo de un medallón, sin que nada le sobre, y su cintura quepa entre dos manos y el resto en el más perfecto de los moldes; para que pueda volver a vestirse de organza blanca o de terciopelo rojo. Y si eso no es posible, retrocede veinte años, aunque los que estemos ahora ya no seamos todos los que estábamos entonces.

Ya está. Ya se formó completamente. Se balancea, tan leve o tan difusa como si estuviera posada en una rama de algodón en rama o prisionera en un cristal de invierno tormentoso. Mañana me dirán que no me asuste, que es la tatarabuela Florencia, muerta hace cincuenta años. Pero yo no puedo mirarla como si fuera un cuadro. Además ningún cuadro llega tampoco solo. ¿Y si de pronto se acercara? Es seguro que Laura también la está mirando. Es mejor no perder de vista a los desaparecidos cuando son aparecidos, porque jamás se sabe con qué vienen ni con qué se van. Sin perderla de vista extiendo un brazo hacia el lado de la cama de Laura y me encuentro enseguida con su mano que ha salido al encuentro de la mía. Así sucede siempre.

—Por mi nieto Alejandro, muerto a los veinte años. Tú sabrás por qué hiciste lo que hiciste. Es inútil que intentes disculparte diciéndome que de los elegidos se sirve Dios, porque me obligarás a rezar por la perversidad de los que quedan. Era hermoso, era inteligente, noble y santo. ¿Acaso no te bastaba con tu corte de ángeles y arcángeles? ¿Acaso necesitabas uno más? Te lo digo cara a cara, sin humildad y sin resignación: compartirás con él la diestra de Dios Padre Todopoderoso, y aun así quién sabe si podrás contar con mi perdón.

La mano de Laura es tibia, húmeda y temblorosa. ¿Y si no fuera la mano de Laura? Miro, aunque la tatarabuela Florencia aproveche ese momento para avanzar, enrarecida, cabalgando irrevocable en su mecedora. La vaga forma que es Laura se parece a cualquier condensación de la noche: un inmenso insecto replegado que saltará de pronto, una ahogada que flota en su lecho de vegetación enmarañada, una proa de barco dispuesta a sumergirme en las profundidades. Intento soltar la mano, pero me aprisiona con una fuerza de cohesión desesperada.

—Por mi nieta María de las Nieves, a quien esperan tantos sufrimientos y tan pocos jardines con máscaras y luces de plena fiesta, que es lo que más le gusta. Se casará muy joven con un hombre que tiene mirada de tigre y corazón sentimental, a rayas de fiera y de paloma. Que no le contagie la piel ni le arrebate la alegría. Que tenga muchos hijos porque con ella se acaba nuestra raza. Haz que la continúe en otros nombres y en otras memorias que nos reconozcan y exalten la nobleza y la verdad sobre todas las cosas.

Tal vez sea mi propia mano la que inventa otra mano, mi propia sangre la que se proyecta para defenderme o ampararme. No, y quizá sí, porque oigo la voz de Laura muy baja, semejante a la que usa para anunciar las fechas, las enfermedades o los eclipses, y que es casi un documento de identificación: "Lía, ¿la ves? ¿La estás viendo?" "¿A quién?", pregunto con temor de que no se trate de lo mismo. "A ella, ¿a quién va a ser?" "Sí, la veo, ¿qué crees que hará?" "Cualquier cosa." "¿Y qué es cualquier cosa?" "Todas, menos hamacarse." "Pero es eso lo que hace." "¿Y crees que viene a eso?" "No sé, a lo mejor se olvidó algo." "¿Y si le diéramos la caja de pinturas y la ropa de Lidia y el esqueleto que está en el cuarto de Alejandro?" "¿No es mejor preguntarle qué quiere?" "No, ¿no ves que ya se va?"

—Por mi nieta Laura. Ahora es graciosa y salvaje, sobre todo cuándo relincha o pone cara de liebre. Eso tiene su encanto. Pero yo quiero que sea como una estampita iluminada, por dentro o por fuera. Arréglala, Señor, y cultiva su despreocupación hasta que se convierta en una general preocupación por los demás; cultiva su indiferencia para que llegue en calidez cuando se la convoque; cultiva su excesiva manera de estar, para que nadie pueda sentirse solo cuando diga su nombre.

"Abuela Florencia, vete", digo con el aliento, y soplo sin hacer ruido. La tatarabuela se aleja cabalgando en su dispersa nube, traspasa, ya invisible, la persiana, y entra sin duda a formar parte de la asamblea neblinosa que estará corporizándose del otro lado, porque ahora oigo conciliábulos sofocados, trotes amortiguados, un blando rebote contra las paredes. Están cayendo a bandadas desde el cielo. ¿Acaso no se oye algo que gira como un molinete de grandes plumas rozando a sacudidas la mirilla?

—Por mi nieta Lía, tímida y propensa a la melancolía y al encierro. Haz que pueda retener algo entre sus manos que son las manos de los despojados. Haz una fuerza de sus debilidades. Recuerda que estuvo agonizando cuando tenía un año y tal vez se haya olvidado mucha vida en otra parte, fuera de este mundo. Devuélvesela por lo menos en inteligencia, en fe y en caridad, porque mucho me temo que no tenga nada que hacer con la esperanza. Y no te pido para ella la belleza, porque tampoco le serviría de nada.

Sólo espero que ese roce creciente contra la persiana termine de una vez. Gira con un golpeteo cada vez más poderoso, cada vez más urgente. "Laura", musito en el momento en que siento que la casa se va a poner a andar, llevada hacia lo alto por esa rueda de alas. Pero Laura ya duerme, asida a esa especie de manija de la que siempre cuesta mucho desprenderla, a menos que se suelte por sí sola. "Laura", insisto de todos modos, ya a punto de partir, ya casi andando.

—Por mí, que soy nada, pero que debo ser la última en morir para que no me llore nadie.

Hay alguien. Debe de ser mejor saber que hay alguien. Me levanto de la cama y avanzo tratando de apoyarme con fuerza en ese piso que oscila al ascender, que va a arrojarme hacia cualquier costado. Llego sin respiración a la persiana, al frágil muro contra lo desconocido. ¿De dónde sacaré fuerzas para abrir la mirilla? Miro antes, sin moverme, hacia el resplandor, hacia la puerta abierta, hacia la cama donde la abuela está estampada, casi fosforescente contra las almohadas, un poco más corpórea, un poco más tenaz que su abuela Florencia.

—¿Qué pasa, hijita? ¿Adónde va? ¿Por qué no duerme? —pregunta con una voz que es una gran corriente de aire.

—Hay ruidos, abuela. ¿No los oye? —digo tratando de formar una contracorriente que nos una y actúe para rechazar lo que está afuera.

—Los oigo, sí. Vuélvase a la cama y quédese tranquila. Duerma. Son los fantasmas, nada más que los fantasmas.

Juegos a cara y cruz

I

—¿Me ves, mamá? ¿Estás segura de que me ves, o crees que me ves porque yo te veo y creo que me ves?

—Te veo. Puedes estar segura de que te veo —y acercaba su frente a la mía y nos mirábamos hasta que sus inmensos ojos negros se deslizaban, se juntaban y se confundían, formando un inconmensurable ojo de cíclope, hecho casi sólo de pupila, de algo muy vivo y vibrátil, donde sin duda, si hubiese mirado mejor, hubiera visto pasar todo el pasado, el presente y el porvenir del mundo, envueltos en el brillo de la compasión y la ternura. Pero mamá interrumpía el juego con su risa, y yo también reía con una risa entrecortada y nerviosa.

Mamá: creías que era un juego compartido. No te dabas cuenta de que era un juego de soledad, que me creía sola en un mundo donde cada respuesta era una proyección que partía de mí, tomaba distancia y se instalaba en una de las paredes de mi encierro. Aun el tiempo, el remoto pasado, era algo que ignoraba simplemente porque lo había olvidado a fuerza de eternidad. Austerlitz, las columnas griegas, el martirio de Santa Catalina, encerrados en sus marcos, eran, lo mismo que tú, el

– 234 –

cielo y la comadreja, una minúscula parte de mi puesta en el mundo. Los siglos irremontables, las distancias desconocidas y las infinitas combinaciones que podría empezar a urdir, todo lo que era próximo me aterraba por igual. Todo me era propio y yo me era ajena, enajenada en otra voluntad que actuaba en mi ignorancia. Entonces me refería a mí hablándote de "ella", puesto que el "tú" con que me respondías no bastaba para partir el mundo en dos mundos iguales, por lo menos. Pero tú asumías el "ella" refiriéndolo a ti, y volvías a dejarme completamente sola. A lo largo de años puedo testimoniar que Dios no puede ser feliz, y no por el pecado justamente; tal vez por oposición le dé la sensación de que está acompañado. Tal vez toda prueba horrible no sea más que la aparente libertad que surge de su disconformidad y su protesta. Ya sé que en todo esto hay una trampa inocente, que puede parecer un error, y es una traslación de mandos, de poderes. Parezco no contar con Su Sagrada Voluntad. Sí, ¿para qué nos creó? ¿Y por qué nos creó así? Justamente, nos creó para visualizar en imágenes su disconformidad, para perfeccionarse. Y se repartió de tal modo entre nosotros que tal vez ya no esté en ninguna parte, fuera de nosotros; tal vez vuelva a ser él, feliz, cuando cada uno seamos lo que él quería para su unidad. Tal vez consumamos, viviéndola, la parte de mal que lo aquejaba. Tal vez pueda volver entonces a recuperar su unidad, mejorada. Ignoro para qué.

Pero ahora sé que no estabas solamente en mí. Si hubiese sido así no te hubieras ido. Es este rotundo testimonio contra mi sola existencia el que me hace preguntarte otra vez:

—Madre, ¿me ves? ¿Estás segura de que me ves?

II

Es posible que el juego de "la invisible" fuera una continuación de aquél, puesto que era una manera de apartarse del mundo, de convertirlo en objeto ajeno al presenciarlo.

(Debo aclarar que yo ignoraba la más elemental anatomía. Las referencias al cuerpo como a "un saco de inmundicias" hechas por alguien que atronaba desde un "agujero de inmundicias" en lo alto de un púlpito, más algunas definiciones encontradas al azar en el Diccionario de la Lengua, donde se hablaba de la "baja e imperfecta naturaleza" y de los "feos vicios" que corroen el alma, me habían hecho desistir de un conocimiento más interno, por cualquier vía.)

Para jugar a "la invisible" no se requerían ungüentos, ni fórmulas, ni ceremonias. El juego podía realizarse en cualquier parte y en cualquier momento. Sólo se trataba de un concentrado esfuerzo de voluntad para dejar pasar el aire libremente. Aspiraba muy hondo con los ojos cerrados. Hacía de esa vibrante transparencia un depósito central y la impelía en todas direcciones hacia afuera, hasta traspasar la piel. Las zonas invadidas se retiraban hacia adentro en una contramarea de color, efectuando el camino inverso. Las expelía al expirar, no en sustancias, sino en una ráfaga de tonos variables —azul, rojo, gris, blanco— que se combinaban en caprichosas figuras sin relieve. A veces eran sólo arabescos y mosaicos. Sin embargo, una vez extraje de mí un tapiz blanco, salpicado de pececitos azules; otra, logré arrancar un arco iris deslumbrante. No quiero recordar sombras chinescas, manchas tentaculares, procesiones de hormigas ni dameros inquietantes.

Nunca pensé en las ropas, tampoco. Ampliando los refranes alusivos, suponía sin duda que se contaminaban de la esencia que contenían. Así, una vez lograda la transparencia podía circular, confundida con la atmósfera. He pasado de este modo a través de bodas, funerales, consejos de familia; he soplado velas y he hecho muecas a personajes venerables desde mi trasmutada forma de ráfaga errante, y creo realmente que nadie me vio jamás; apenas si algún privilegiado me miró dos veces. ¿O existiría acaso una gran conspiración en mi favor, una consigna que se abrió en grandes círculos silenciosos y abarcó la época en que creía estar loca, o haber desaparecido involuntariamente, o estar en plenos procesos de curiosas metamorfosis? Preguntarlo es salir del juego o violar las reglas de una generosa complicidad.

Bueno, después me bastaba absorber de nuevo, al aspirar, mi ocasional trama interior, despaciosa y minuciosamente, y reaparecía otra vez en un sitio lejano, pues tenía cuidado, tal vez por pudor, de hacerlo lejos de todas las miradas. ¿Por dónde habría vagado mientras tanto mi desdeñado contenido, mi desplazada zona densa y corporal? Alguien ha de haber visto alguna vez, colgado de algún árbol o extendido sobre una pared, ese insólito despliegue de tapicerías. Alguien hubiera podido destruirme sin saber que era un crimen.

Nunca me sucedió. Sin embargo, tengo la impresión de que alguna vez no logré recordar exactamente una extensión de complicadas geometrías amarillas. Si fue así, todo el resto sólo ha sido un error. No quiero ni pensarlo. Pero ¿por qué aún ahora me sobrecoge esa visión de una ciudad dorada, semejante a la Ciudad de los Césares, que varios años después vi pasar por el cielo, envuelta en una nube?

III

También estaba el juego de "ser otra". Es un juego para efectuar a deshoras, cuando la persistente repetición del propio nombre, musitado en voz baja, muy pausadamente, se convierte en un martillo que bien manejado hace trizas el yo. Éste comienza por girar y reducirse, concentrado por la fuerza centrípeta del temor, hasta parecerse a un fruto leñoso, del tamaño y la contextura de una nuez. Se escurre, rueda, se oculta entre los repliegues de los cortinajes que nos revisten por dentro desde los pies a la cabeza. Cuando se sabe con precisión el escondite se aguarda un momento, para crear la expectativa de la persecución o para hacerle suponer que la misma se ha interrumpido totalmente. Entonces se pronuncia otra vez el nombre, más lenta, más pausadamente aún, en un tono escandalizado de profunda reconvención y sorpresa. El yo se asoma, impelido por la necesidad de justificarse, y ese es el momento en que se le aplica el golpe. Debe ser preciso y seco para evitar mutilaciones inútiles o zonas sobrevivientes en el remordimiento y la protesta, que traban más adelante la libre actuación. (El proceso se abrevia notablemente si se realiza a la luz de una vela, adentro de un ropero o con la cabeza envuelta por las sábanas.)

Pero un momento. El juego no termina ahí.

La segunda parte exige un espejo. Yo tenía uno sobre la cómoda. No. *Había* uno sobre la cómoda (el yo ya no existe). *Nadie* se colocaba frente a él y a la luz de la vela contemplaba esa cara desencajada del molde de una forma y un color; esos ojos despavoridos que ni siquiera eran los de otra. Desde los almácigos de las ideas fijas, o más bien desde el sótano de las pasadas encarnaciones —que salen a la superficie cuando la encarnación actual rompe sus aguas, es decir, cuando se produce la ruptura del yo—, surgía entonces un nombre, otro nombre, tan insistente como el anterior. Se abría paso dificultosamente entre los escombros, atravesaba a tientas los corredores tenebrosos, se enredaba en las espesas colgaduras. Avanzaba casi de costado, como en un navío bajo el temporal o como en una casa que se hunde, pero avanzaba hasta asomar trabajosamente por una larga y delgada fisura practicada entre los labios agrietados de la roca. Surgía, débil y fatigado, después de la obstinada travesía: "Matrika Doléesa".

Matrika Doléesa había ganado el territorio recorrido por su nombre. El nombre era ahora el arma tenaz que golpeaba sin intermitencias un material desconocido. La percusión invadía el oído interno de la conciencia. Crecía en un tambor enloquecedor acompañando la ceremonia. Mientras tanto la cara de una reina salvaje surgía del humo que empañaba el espejo. La piel blanca y estirada por la transparente porcelana de la máscara, los ojos oscuros y tormentosos bajo los párpados tirantes, la corona de ramas sobre el follaje del larguísimo pelo, y la boca tendida, lisa y brillante, que acababa de cerrarse sobre la última sílaba recién pronunciada, Matrika Doléesa se concentraba en la contenida tensión del salto que la arrancaría a la danza ritual y luego al sacrificio. Sentía los pies elásticos, expresivos y sensibles como la misma mano crispada alrededor del cuchillo de piedra negra. La expectativa tejía su trama en una red de hilos de sangre. Unos redobles más y se produciría un salto de felino al acecho, de tigre envuelto en un relámpago que de pronto se despliega en una cinta de luminosa perversidad. Un sabor salado, un sabor de rechazo brotaba desde los sepultados manantiales del recuerdo inundándome la boca, deteniéndome al borde de ese salto hacia abajo. Comenzaba otra vez a nombrarme en voz baja, muy pausadamente, hasta que la persistente repetición se convertía en un martillo que bien manejado hacía trizas el yo.

Podía desenterrar otras heroínas, célebres o no, de salto horizontal o de salto hacia arriba: Griska Soledama, triste huérfana para todas las pruebas de desplazamiento en la intemperie; Darmantara Sarolam, que une todos los nombres, todos los hilos del destino desde un carruaje cuyas ruedas son dos soles. Podía también hacer surgir la nuececita primera, milagrosamente restaurada, hacerla rodar y crecer en mi interior, arrastrada por la incontenible corriente de este nombre que nunca conseguiré habitar.

A veces tengo la sensación de haber prolongado indefinidamente la sucesión del juego; otras, creo que hubo algún error, algún trueque involuntario producido por mi apresuramiento al oír unos pasos sorpresivos; pero más frecuentemente siento que el primer yo —es decir, el último— no regresó intacto alguna vez, que hubo un descuido, una grieta que siguió permitiendo la irrupción de cualquiera, por sorpresa, cuando menos lo pienso.

IV

De algún modo "los antípodas" es un juego más social —no podría decirse que un juego de salón— si se compara con otros, tan solitarios. Nació, sin duda, de una personal interpretación de la ley de gravedad y de la atracción que ejercen entre sí los hemisferios de Magdeburgo, más el agregado fantástico —deducido no sé de qué relato— de un doble que nos espera en otro siglo o en la luna.

Nunca supe bien si este personaje era idéntico, análogo o complementario. Cuando quise pensarlo ya era un hecho: la conducta y el movimiento humanos habían sido engarzados por mí en un teorema indemostrable: "La fuerza de los dobles opuestos nos sostiene". En otras palabras: el habitante que está en el lugar opuesto de la tierra se sostiene en su lugar y me sostiene gracias a la mutua fuerza de atracción que opera desde nuestros cuerpos y que podría dibujarse en una línea que va desde sus talones a los míos —y viceversa— pasando por el centro de la tierra. Cuando él se desplaza, me desplazo; cuando me arrojo al mar, se arroja o cae al mar; cuando viajamos, viajamos en direcciones contrarias para permanecer en la misma referencia. ¿Se puede pedir un desencuentro más encontrado, una oposición menos opuesta? Nuestros gestos tienen una respuesta simultánea y nuestros actos nos comprometen en una complicidad desmedida (¿cómo podríamos realizar actos distintos con los mismos ademanes?). Claro que no se sabe quién tiró la primera piedra, puesto que cada uno está tirando la suya, pero se advierte cuándo la iniciativa fue propia y cuándo ajena en el matiz de desgano o de arrebato con que se inician y conducen las acciones. Y no se suponga que con esto pretendo librarme de responsabilidades o eludir culpas y castigos. Jamás he dicho: "Me arrastraron a eso", como otros que parecen ignorar el teorema, aunque a veces, realmente, haya estado a punto de exclamar: "¡Vamos! ¡Detente! ¿Adónde vas, que nada te detiene?"

Bueno, lo cierto es que en aquel entonces me encerraba en mi cuarto (él, "el antípoda", se encerraría en el suyo). Desplazaba un pie lentamente. Me detenía. Daba unos pasos. Tendía la oreja para escuchar el choque que se produciría en el centro de la tierra (con el tiempo descubrí que el eco no es otra cosa que esta clase de choques); daba un salto y continuaba lanzándome en complicadísimas gimnasias que significaban vergonzosas burlas y que ahora no puedo recordar sin remordimientos. Una vez, por ejemplo, me colgué de la lámpara, me balanceé como en un columpio y desde el otro extremo salté en un salto mortal hacia el vacío de la cama, gritando: "Sígueme, si puedes". Me abrí la cabeza contra la arista de la mesa de noche. Tenemos actualmente la misma cicatriz, un pálido recuerdo que se aviva con las grandes tormentas. Claro que se vengó, ¡y cómo!

A pesar de todo, sé que lo hubiera amado. ¡Es una lástima! Nuestro amor podría haber sido el único indestructible. Se nos desgarra el corazón cuando pensamos que no nos encontraremos jamás de este lado del mundo, ni de aquel. Sólo podemos intentar amores que comienzan como si nos hubiésemos encontrado, amores que nos hacen perder la gravedad y nos arrebatan por el aire como a ángeles, hacia las alturas. Pero la pareja que hemos buscado no nos sigue. Restringida a la ley de atracción de los cuerpos, desconoce las reglas de los antípodas y se queda en la tierra, o parte con rumbo desconocido, llevada por la atracción universal. Únicamente este final se asemeja en algo a nuestra situación permanente. ¡Es triste!

No existen más que dos soluciones:

Una consistiría en conseguir un ángulo de 180° que empezara a cerrarse, irrevocablemente, pero cuyos lados nos permitieran apoyarnos a medida que nos acercáramos, hasta encerrarnos un buen día, sin ninguna salida, entre sus resistentes paredes. Pero ¿no es esto lo que sucede habitualmente con todas las parejas?

La otra solución de que hablaba, y que es la que prefiero, la que preferimos, sería excavar hasta encontrarnos en esa masa ígnea, en esa pepita de fuego que está sepultada en el interior del globo, y arder, arder en un fuego mutuo hasta consumirnos en la misma llama.

De
También la luz es un abismo
1995

El cerco de tamariscos

Una llave abre un panel del muro. Es la misma llave que abre de par en par las puertas del insomnio, y entonces aparecen lejanas ciudades, viajeros desconocidos, carruajes, epidemias y naufragios que invaden el recinto donde estoy. Pero quienes me visitan con mayor frecuencia son personas y mapas que se asemejan a un trozo de mi destino.

Ahora se cuela el viento por una gran rendija de este apostadero. Ahora entra la desolación en forma de llanura, replegando su árida piel como una bestia que debe calcular las extensiones para acomodarse mejor. Porque yo he crecido, pero ella ha crecido conmigo, día tras día, a costa de mis huesos, a expensas de las paredes del presente. Nunca fue relegada, entre los trastos, al último rincón. Nunca le fue negado su más tierno holocausto: el jardín sombreado con hierbas húmedas, el cerco de tamariscos cerrado para siempre alrededor de una fortaleza derruida, disputada palmo a palmo por la ortiga y el alacrán; la única nevada y su torcaza de humo susurrando el perdón a las alturas; los santos de la abuela en su caja de cristales azules; la bóveda de mis hermanas, donde zumban las abejas en un doble arco iris de dulzura y paciencia. Insaciable, inextinguible la llanura. Ella me acunó en cambio con terrores, misterios y leyendas y me dejó una sed cuya medida es mayor que la copa que pudiera colmar toda esa lejanía.

Una mano de arena acaricia lentamente esa distancia sin fin hasta mi almohada. Una mano empalidecida por la media luna muerta en el regazo de los médanos, siempre dispuestos a cambiar de lugar. Si lloviera, cada gota sería devorada con avidez, correría hacia algún depósito subterráneo donde yacen mis talismanes hechos de piedrecitas, de huesos de pájaro, de semillas, en los que hay grabadas cifras enigmáticas que trato de interpretar con mi biografía. ¡Qué tesoro incalculable para los arqueólogos del porvenir!

Pero no llueve. No pasa Santa Rosa con su gran nube de elegida flotando sobre la frente, ni Santa Bárbara arroja las centellas y los rayos en el aljibe. Tampoco septiembre arrastra su capa de mariposas amarillas ni noviembre nos cubre con su sombrío manto de langostas hasta la sofocación.

Sólo el viento, el dios alucinado que entreteje sus coronas con ramas herrumbradas y con hojas sedientas, avanza con su cortejo de sobrevivientes entre los matorrales. Es un dios excesivo, del que ni siquiera se reniega. Lo he visto arrastrando fatales migraciones, colonias enteras que parecían representar la caída, no hacia abajo, sino hacia el este. Los rostros de esa gente estaban labrados en un material de resistencia obstinada, y su expresión y hasta sus ropas tenían un aspecto definitivo, como si fueran pasajeros dispuestos a permanecer durante años en una sala de espera hasta oír el llamado de un tren que los depositaría, sin duda, en otra sala exactamente igual. Veo el reguero de carros por el camino, con paraguas inútiles, palanganas azules y roperos cuyos espejos arrojan un resplandor de adiós, un relampagueo desesperado sobre las paredes de las casas que aún no tienen vecinos. Les arrojo girasoles cuando pasan, y los miro, los miro mientras desaparecen por el ojo de la aguja, del lado del revés.

En este otro costado todavía es la hora de la siesta y hay que bajar del árbol de la fruta verde, del árbol del conocimiento donde estamos escondidos como los animalitos de las tapicerías, y huir de la Solapa, la cruel mujer del Sol, que se viste de iguana y sale a perseguir a los niños vagabundos, a los niños insomnes. Si los atrapa los convierte en enanos con enormes sombreros de paja y trajes de harapienta vegetación. Al hijo de la Lora, la mendiga de la cueva, le permitió crecer, pero lo guardó en un estuche de bicho canasto. La Lora plañe de puerta en puerta: "¡Moneda grande para la Lora!", y se refugia en su madriguera, debajo de la tierra, con paso de comadreja. Sospecho que comparte su vivienda con la Solapa. Tienen sombreros iguales.

Nuestra asociación de espías lo averiguará algún día. Mi chapa de espía dice "DTG", que significa Dios Te Guarde, y mi grado es sólo 4. Los otros chicos son mayores y tienen otra categoría. Algunos no temen inspeccionar cualquier cosa y a cualquier hora. Ni siquiera a la muerte, que puede caer a medianoche desde un tren en marcha y perseguir a quien la vio. Sí, como los cardos rusos, esas moles errantes que crecen a medida que ruedan hasta formar el áspero fantasma que devora una a una las hogueras del atardecer, que devora la tormenta y a mí con el abuelo Damián sobre el caballo en la noche de toda la penuria, cuando regresamos de Telén y mi hermano Alejandro ya no está, y en su lugar todo es sollozo y hielo que se quiebra entre los trapos negros, y ese es un precipicio que no me han dejado atravesar con los demás desde la misma casa.

La veo. Veo la casa que siempre por las noches comienza a andar, lenta y majestuosa, arrastrando el jardín, las quintas y el molino, trasladando a los moradores que han conquistado con mi sangre el billete para viajar. Mamá, papá, la abuela, tía Adelaida, Alejandro y mis hermanas —Laura y María de las Nieves— juegan a ser los pasajeros de la eternidad, cada uno en su silla de oro, cada uno en su papel marcado por la providencia, por el poder, por la misericordia, por el aturdimiento, por la ausencia, por la complicidad, por la aventura.

Se bambolea la casa, oscila, se inclina, ya escorada, como si quisiera arrojar a todos los viajeros, con muebles y baúles, por la borda. No temo, porque de mí depende. Fui la última en llegar y me quedaré para apagar las lámparas cuando no quede nadie, cuando todos sean como el rey y las reinas en las barajas de sacar solitarios.

Aun después, esta casa errante, con la que siempre tropiezo en todas partes, seguirá apareciendo, convocada por cada verano, por cada luna llena, porque la soledad es memoriosa y clama por aparecidos y desaparecidos y los hace visibles. La soledad es prolija y exhibe sus pertenencias bajo el sol de la total oscuridad. Se detiene en un hombre, en una rueda, en una sombra, en unos huesos que encenderán sus luces buenas en la noche, y los aísla y los muestra y los levanta hasta el cielo como a ángeles de su propia anunciación. La soledad de la llanura está situada en el centro del mundo. Se ve desde todas partes.

Allí se alza ahora la criatura que fui, esa que se probaba entre otras máscaras el rostro que ahora tengo. Ella no me ha podido legar todas sus posesiones. Muchas luciérnagas se han apagado, muchos trozos de escarcha de aquellos que envolvían los racimos de flores en el amanecer se han disuelto en un agua en la que ya no puedo contemplarme. Pero los emisarios celestiales, esos que componían su lenguaje con signos extraídos del misterio, extraídos de la nostalgia de otro paraíso, depositan en medio de este cuarto un arcón en llamas donde yace intacto el cadáver de la inocencia.

Adelante, guardianes. Encarnación, la hechicera blanca con manos de gallina y medias de lana azul, encarnada en el águila de los conjuros, vuelca sobre un trozo de mármol las vetas de mi fiebre y detiene a la muerte. La Reina Genoveva viene descalza, envuelta en jirones de sedas y de encajes, con un collar de abalorios que se alarga de pueblo en pueblo y un abanico que no abre porque está cubierto de firmas que testimonian su locura. Sopla sobre mis ojos para que nunca llore. Nanni, el cantor frustrado, con guantes blancos y levita raída verde rata, verde último color, traza con una cuchara el círculo que lo separa de la tierra y sube con sus gorriones las escaleras del granero que conducen al Juicio Final. Los tres tienen un ala en mitad de la espalda, un ala quebradiza que se disgrega en polvo. Cae sobre mi rostro en un remolino lento que me aspira hacia arriba, desde allá, desde siempre, donde la oscuridad es otro sol, y me trae hasta acá, hasta ahora, donde también la luz es un abismo.

La Reina Genoveva sopló sobre mis ojos para que no llorara. "No llores, nunca llores, Josefina", dijo. La Reina Genoveva me ha mentido.

Solferino

Un amanecer miré por la ventana, y ya estaban allí. Habían acampado en el solar de enfrente, entre yuyos y girasoles, la noche anterior. Vi las tiendas y un enjambre multicolor alrededor, matizado de negros moscones. Supe que eran ellos. Aunque no los había visto nunca, tenían para mí la atracción poderosa de la leyenda y del misterio. Los hombres estaban vestidos de oscuro, tal vez de negro, y con negros sombreros; las mujeres, con largas faldas floreadas y blusas y pañuelos de todos colores, entre los que abundaba el solferino (sol feroz, sol de fiera, sol salvaje). Estuve segura de que eso era lo que quería decir "solferino" cuando unos días después vi de cerca a tres de ellas, con sus cejas oscuras tan pobladas, esos ojos de araña que se apresuran y se detienen repentinamente, los reflejos sombríos de la piel subrayados por muchos lunares, las trenzas rígidas, el extraño movimiento de las caderas —no hacia un lado y hacia el otro, sino hacia arriba y hacia abajo—, y esa marcha majestuosa e irrevocable que amenaza, que se acerca, que ya llega, que invade y pasa la frontera. Paso de zapato con presilla, de zapato colorado y taconeo. Paso peligroso como la fatalidad. "No se acerquen, niñas", "Aunque las llamen y les ofrezcan estrellas de colores, aléjense corriendo", "¡Cuidado!, porque roban a los niños y los venden."

¡Ah, los venden! ¿No será ese el secreto de mi nacimiento? ¿El motivo de desconciertos, miradas significativas y hasta de los susurros que acompañan mi retirada cada vez que pregunto quién me trajo, cómo fue, de dónde vine? No me gustan esas respuestas con rosas, repollos y pajarracos que no aclaran nada, y menos esa historia que nos cuenta María de las Nieves: que Laura y yo somos enanas, que nacimos de un huevo de Pascua que empollaron Felicitas y Chico Dick, los enanos del circo. No es que quiera ser hija de reyes o de príncipes desconocidos, y tal vez inhallables, que a lo mejor son crueles y horribles, tienen verrugas y viven en países siempre fríos. Prefiero a papá y a mamá. Además los quiero. Pero, ¿quién no se ha probado, entonces y aun después, dos o tres destinos? Y entonces, cuando me probé la corona y me deslicé por los grandes salones de espejos dorados y colgaduras de terciopelo granate, todo sonaba a hueco como el hielo y olía a oscuridad encerrada, y tuve miedo. Volví a la sala de casa y me escondí.

La sala era espléndida, y sería espléndida para toda la vida. Pero yo no podía pasarme toda la vida sin saber. Vigilé con más atención. Quiero confesar que más de una vez interpreté mal algunas alusiones o algunas palabras oídas a medias, como esta misma mañana cuando mamá y la abuela hablaban de "esas sucias gentes que aprovechan un descuido" y de "las dos inocentes criaturas, víctimas de sus manejos", y en el momento en que ya pensaba que ésas éramos Laura y yo, supe que se trataba de dos pavos que habían desaparecido durante la noche. De todos modos habría que averiguarlo.

Eso mismo dijo mamá, claro que refiriéndose a pavos y ladrones. Y esa tarde, cuando vi salir a Imaginaria con un envoltorio en el que se adivinaban cacerolas o marmitas, supe hacia dónde se dirigía, y aunque me estaba prohibido, la seguí.

Imaginaria parece siempre un animal asustado, sorprendido en el momento del máximo terror, con los pelos erizados y los ojos planos y fijos agrandados quién sabe por qué visión. En cuanto advirtió que la seguía, se detuvo, me detuve, giró, se sacudió como un árbol que se arranca la lluvia, golpeó con un pie en el piso y gritó:

—¡Vuelva a casa! ¡A casa! —señalaba con el índice tieso, como esas manitos que indican la dirección que se debe seguir.

Se volvió. Dio unos pasos más y yo también. Se detuvo, me detuve. Repetimos íntegramente la misma operación tres o cuatro veces, y ya había llegado, y yo también, porque tuve la astucia de ir acortando la distancia. Calculé, además, que se detendría junto a la única pared que podía servir de frente a todo ese baldío. Era una de las cuatro paredes de una vieja casilla abandonada, resto de alguna construcción mayor, tal vez, cuya utilidad nadie sabía precisar. Hasta dos semanas atrás había sido el supuesto escondite del "viejo de la bolsa" o el apostadero de todos los malhechores, los aventureros o los redentores nacidos de la fantasía. Desde entonces alguien había colocado una precaria puerta en el hueco de entrada y fijado encima un prolijo cartel: "Club de los Programáticos", en letras verdes sobre fondo blanco. ¿Quiénes serían los "programáticos"? ¿Serían los siete u ocho gatos que desde mi ventana veía llegar a esta puerta todos los días, a las seis de la tarde, desde las más opuestas direcciones? Ni siquiera sé si eran siempre los mismos. Ninguno usaba distintivo, y los vi entrar, pero nunca los vi salir.

Ahora yo estaba inmóvil, a dos o tres metros de Imaginaria. Se estremeció, indignada. Con los rubios pelos de punta, parecía una ortiga gigantesca. Gritó:

—¡No se mueva! ¡Quédese allí! ¡Vuélvase a casa, ya! —y sacudía el brazo y la mano como si tratara de ahuyentar a un animalejo inoportuno.

—Yo vengo por mi cuenta. A mí no me mandas tú, ni el Gran Merlín ni el Rey de Francia, porque yo no soy correo secreto de nadie —contesté con firmeza.

Tragó saliva haciendo tiempo para reaccionar, pero en ese momento se abrió la puerta.

—¿A quién busca? —dijo el muchacho de simpática sonrisa, que apareció. Tenía grandes y brillantes ojos oscuros, un alto y puntiagudo bonete de cartón negro y un manto gris, que tal vez fuera una carpeta, salpicado de raras figuras de muchos colores.

—¿Usted es el calderero? —la voz de Imaginaria suena insegura, temblorosa, muy delgada para alcanzar a encubrir lo que oculta.

—No, yo soy Juan el Alquimista, o Juan el Mago, como usted quiera. Pase.

Ella entra y yo me cuelo también, pegada a sus talones. "Juan el Mago", ha dicho. ¿No acababa yo de nombrar al Mago Merlín? Siempre hago y haré esta clase de milagros inútiles.

—El calderero es Joaquín. Está allá —explica el muchacho cortésmente y señala hacia adentro por el vano de una puerta que no existe—. Vaya. Lo reconocerá en seguida porque tiene una llama en la mano.

—Una llama en la mano, una llama en la mano —repite Imaginaria y se va balanceando el envoltorio y murmurando como alucinada—: Una llama en la mano, una llama.

No me atrevo a seguirla ni a quedarme. El lugar es extraño. Parece una habitación, pero no lo es. No tiene techo, las paredes están rotas, el piso es de tierra y en el centro hay un árbol alto, de ramas débiles y hojas lustrosas. Tan lustrosas, que en medio de esa ruina tiene el aspecto de un recién llegado, aunque no parece un intruso, sino el dueño de la situación, vigilando, vigilándome. No me atemorizó porque no pensé en el granizo ni en el rayo, sino en un posible apeadero para los pájaros, las nubes y los ángeles. Más adelante recordé que no sólo los espíritus celestiales saben volar.

—¿No vas con ella, con la dama sonámbula? ¿No vinieron juntas? —pregunta Juan, sin sonrisa, apoyado contra una estantería hecha de cajones en la que veo frascos de diversos tamaños con líquidos, polvos y grageas de toda especie.

—Sí, pero no —digo tratando de ocultarme detrás del árbol. Y agrego en un impulso inspirado, entre balbuceos: —Yo vine para otra cosa. Vine para hacerme socia del club, del club de los gatos.

—Debí suponerlo, por tu cara. Pero aquí no hay ningún club de gatos. Los gatos vienen a comer. Tendrás que fundar ese club, si quieres uno. Pero sal de ahí, déjame ver si tienes bigotes —replica burlonamente.

—¿Y el Club de los Programáticos? —me atrevo a interrogar con voz de hormiga.

—¡Ah, era eso! El Club de los Programáticos es un secreto mío. Ya dije que soy Juan el Alquimista. Este es mi laboratorio. —Me mira con olímpica superioridad; la boca es un tajo de suficiencia cuando explica: —Además de combinar las sustancias, busco una programación de letras, palabras y números que descubran las claves de todos los misterios. Por eso se llama Club de los Programáticos, "pro-gramáticos". Soy el único miembro hasta ahora, pero me basta.

Lo contemplo desconcertada, tal vez boquiabierta, a medida que abandono por completo mi escondite. Este gitano es demasiado cambiante. Su cara pasa de la seducción al desprecio. Es como en los dados: no se sabe si saldrán dos, si saldrán seis, si saldrá uno. Y además es mago, pero no sabe nada. No sabe que yo estoy buscando lo mismo que él, que a solas combino piedrecitas, semillas y hasta los bizcochos y los terrones de azúcar de mi desayuno con el mismo propósito: a la derecha, a la izquierda, arriba, abajo, uno, dos y tres. No sabe que estoy empezando a combinar palabras con el mismo fin; no sabe que las combinaré durante toda mi vida, hasta ahora, cuando puedo volver hasta entonces en todas direcciones para contarlo.

Él se sonríe, entre compasivo y desdeñoso, instalado en su ignorancia, y añade lo que faltaba:

—¿Para qué te digo todo esto, chiquita? Tú no sabes nada.

—Sí, sé, claro que sé. Yo también lo hago —me indigno, con mi amor propio en llamas, y me lanzo tan rápido como puedo, a patinadas y tropezones, avances y retrocesos, por los enmarañados territorios de mis enigmas y mis búsquedas, hasta desembocar por un brusco atajo en la solitaria encrucijada de las dudas acerca de mi origen familiar.

Durante todas esas travesías, la cara de Juan el Alquimista me acompañó con sus numerosas variaciones como un caleidoscopio, sólo que más expresiva en su aparente entusiasmo, en su desaprobación, en su condescendencia, en su falso interés. En varias ocasiones puso las palabras adecuadas donde a mí se me escapaban y me azuzó protectoramente para que continuara cada vez que estuve a punto de renunciar.

Cuando terminé de hablar, a caras alternadas, éramos casi amigos.

—Te pido que averigües, que me ayudes. Tal vez alguien de tu familia sepa algo —concluí. Sabía que acusar directamente de rapto era una ofensa; también sentía una gran culpa por estar dudando de mis padres.

—Te ayudaré. Te lo juro por tu sombra, por tus ojos, por la luz que te alumbra. No creo que mi familia sepa nada, y lo más probable es que seas hija de tus padres. Yo también creí que era hijo del rey Salomón, de Rasputín, de Mata Hari, y hasta de la manera de saludar de mi tío abuelo, y nada, ya lo ves, resultó que soy hijo de mis padres.

Cuando llegó a este punto parecíamos decididamente amigos. No sé si por la confianza que depositaba en mí al confesarme que era "hijo de sus padres", o por el generoso juramento que hacía por "mi" sombra, "mis" ojos y "mi" luz.

En seguida que continuó sentí que empezábamos a alejarnos velozmente: "Ellos se irían al día siguiente, yo podría acompañarlos como ayudante suya, antes de las siete de la mañana saldríamos no se sabe hacia adónde, yo tendría que estar allí a las seis y media, con todo el dinero y las cosas de valor que pudiera reunir, yo no debía decir nada a nadie o quién sabe qué podía pasar".

El tono había dejado de ser zalamero e hipócrita y era francamente despótico y amenazador:

—De modo que trato hecho: mañana. Y no se hable más. Ahora vamos allá.

Quise replicar y no pude. Me había avasallado. Me había convertido arteramente en su cómplice sin que interviniera para nada mi voluntad. Tenía ganas de gritar y llorar.

Mientras íbamos a buscar a Imaginaria no sabía cómo desandar el vuelo a ciegas de un compromiso que no había aceptado. ¡Ah, si lo sabría! El silencio blanco, el silencio gris, el silencio atónito, el silencio alerta, el silencio vértigo, que echan raíces, rapidísimas raíces que avanzan por el aire y giran y se enredan y se anudan alrededor de uno hasta que es imposible desatarse. Yo empezaba a ser el animalito desorientado en medio de las trampas de la espesura, la mariposa en la red, la piedra ciega que se hunde en el agua, irremediablemente. Hay que levantarse y gritar "¡No!" con la voz rotunda del Viejo Testamento.

—Mira, no sé. Lo pensaré. Creo que no —dije de pronto, en un arranque, intentando desprenderme de la mano traspirada de Juan, pero él apretó más fuerte mis frágiles huesecitos.

—¡Chist! Nada. Mañana. Está decidido. Mando yo —se impuso, tajante, a media voz.

Y ya habíamos llegado al lugar donde estaba Imaginaria sentada en un cajón entre dos gitanas. En el suelo se veía el envoltorio que había llevado. Pero nadie tenía una llama en la mano. Una de las gitanas, la más vieja, observaba con mucha atención una de las manos de Imaginaria, como si buscara algo, mientras fumaba aplicadamente; la otra revolvía con un palito un huevo roto que se le escurría de un plato. A pesar de mi congoja recuerdo esos y otros detalles. Las dos tenían largas trenzas azules, lunares azules, y la piel parecía también exhalar un tinte azulado; en sus ropas, que eran como recortadas de un sembrado multicolor, predominaba, naturalmente, el solferino.

—Aquí está el hombre que te abandona, el de la puñalada —dijo la mayor, mostrando entre el humo unos dientes muy sucios y muy feos.

—Aquí está por aparecer tu mal, tu negra suerte —dijo la menor.

—Y aquí está la niña que viene a buscarla, la estrella de la mañana —dijo Juan mordiendo la última palabra—. Estas son Laila y Vera. —Me empujó hacia adelante y se marchó.

Los tres habían hablado casi cantando, pero en un tono de advertencia que oscilaba entre la promesa y la amenaza.

Yo quería escapar de allí. Todo me parecía peligroso: el lugar, los gestos, las voces. Sentí que todo podía empezar a cubrirse de un inquietante, inevitable color solferino.

Imaginaria miraba, desorbitada. Miraba su mano, miraba el plato, me miraba a mí.

—¿Dónde? ¿Dónde están? —balbuceó por fin en la cumbre del azoramiento, como si el hombre, el mal y yo perteneciéramos a un mundo que se le sustrajera y tuviéramos que adelantarnos y gritar "¡Presentes!", para hacernos visibles.

—En tu mano. El hombre está en este cruce de caminos —aclaró Laila, la gitana de dientes rotos y amarillos, con una sonrisa que quería ser tranquilizadora.

—En el huevo, ¿no ves? El mal es este ovillo de pelos que está dentro del huevo —indicó Vera, con párpados adormilados pero mirada de relámpago, empujando con el palito la confusa y asquerosa mezcla, en cuyo centro se asoma y brilla algo negruzco.

—Y yo estoy aquí, y tenemos que irnos ya, en seguida, porque nos están esperando —la apremio, desesperada, tocándole un brazo.

Ella ha seguido mirando fijamente la mano y el plato, sin poder convencerse.

—Sí, sí, el mal, el hombre, Lía. Los veo. ¿Y mis veinte pesos? ¿Dónde están mis veinte pesos? —reacciona finalmente.

—¡Ah!, ¿también quieres tus veinte pesos? Tus veinte pesos no están más. Hay que pagar para que te muestren —explica con lento fastidio Vera, poniendo cerca la cara somnolienta, pero mirando lejos.

—¿Pagar a quién? ¿Para que me muestren qué? Me dijiste que me los devolverías —contesta Imaginaria con repentina lucidez y a punto de llorar.

Suena un siniestro graznido. La vieja ha lanzado una carcajada breve y ronca, envuelta en humo. Vera se alza de hombros y recita monótonamente:

—Tienes que pagar a ellos, los de allá —y señala con la mano cargada de anillos en dirección de la torre de la iglesia, ¿o será hacia nuestro palomar?—. Te mostraron el mal, ¿no? Te mostraron al hombre, ¿no? Los viste, ¿no? ¿Acaso yo guardé tu dinero, linda? Lo puse con el huevo, para ver, y ellos se lo llevaron y te sacaron toda esta porquería de adentro, ¿ves, rubia?, todo esto —y vuelve a revolver, distante, con el palito, la nauseabunda sustancia que se desliza por el plato y que hasta creo que me mira, aunque ella parece ni verla. ¿Habrá un ojo? ¿Habrá realmente pelos? ¿O serán dos o tres plumas de pavo?

La mayor se vuelve hacia la otra y la increpa con un tono bajo y áspero en un idioma desconocido. No le reprocha por no devolver el dinero, sin duda, sino por dar explicaciones, ya que cada vez que mira a Imaginaria hace el ademán de echársele encima y barrerla de su vista con un manotón y un chasquido. Las réplicas de Vera son rápidas, encrespadas, chillonas, en contraste con su expresión inmutable. Es un frenético contrapunto el de ellas, un rápido duelo a hachazos, estridencias y silbidos, una insoportable vibración de velocísimas lenguas de serpiente.

—Vamos, Imaginaria —digo tan alto como puedo—. Ellos no te lo van a devolver.

El duelo se interrumpe bruscamente, como si hubiera intervenido un árbitro.

—Sí, sí, ve con ella, Maquinaria, y déjate de hacer lágrimas —se apresura a apoyar Laila, y en seguida, dirigiéndose a mí con la más desvergonzada adulonería: —Tú entiendes, niña preciosa. Tú eres nerviosa, caprichosa y de buena familia, pero cuando seas grande vas a hacer feliz a cualquier hombre. Lo tienes en la frente. Te lo digo yo, niñita de oro. Váyanse las dos con Dios, con la Virgen, con el arcángel Miguel...

Imaginaria se ha puesto de pie, ha recogido su envoltorio, me ha tomado de la mano y nos vamos sin saludar, yo volviéndome para ver si alguien nos sigue, ella sacudiendo la cabeza hacia adelante y hacia atrás en un balanceo de gallina resentida.

—...con el arcángel Gabriel, con el ángel Anahel... —prosigue la voz cada vez más fuerte.

Cuando llegamos a la puerta, Juan el Alquimista no está. No sé qué ángel nos habrá acompañado hasta allí, pero es seguro que ése, cualquiera que fuere, oyó a Imaginaria, que al abrir la puerta se volvió y gritó:

—¡Ladronas! Ya sé quiénes robaron los pavos. ¡Ladronas de pavos!

Y en seguida cruzamos corriendo la calle polvorienta.

* * *

Después del primer momento de alivio, volví a sentir una torturante inquietud. Estaba decidida a no cumplir lo que no había prometido, naturalmente, pero no sabía cuáles podrían llegar a ser las consecuencias de mi imperdonable aventura. Había una amenaza. ¿Qué ocultaba? Juan les habría contado su plan a los demás. Era necesario que yo regresara al campamento, que mandara noticias, que diera explicaciones. De lo contrario podían venir, reclamar, delatarme ante mis padres. Precisaba ayuda. Decidí confesárselo todo a Laura. Me escuchó atentamente. Cuando terminé me dijo con insospechada tranquilidad:

—Tú no irás a explicar nada, ni yo tampoco. Pero lo arreglaré. No hay nada firmado. Ni siquiera aceptaste. Y si vuelves te raptarán. Déjamelo a mí. Abanícate en China.

Con lo cual quería decir que me desentendiera del asunto. Lo intenté, pero fue en vano. Me dormí muy tarde, entre dudas, imágenes tenebrosas y gemidos.

Me desperté sobresaltada. Había una mano ajena junto a la mía, debajo de la almohada. ¿Quién andaba ahí? ¿Qué buscaba? Con sumo sigilo acerqué más la mía, apresé esa otra, ajena, extraña, y le di un pellizco. Era mi propia mano izquierda, adormecida. Miré el reloj: eran más de las siete. Laura, descalza y en camisón, espiaba por la mirilla de la celosía hacia la calle.

Quise levantarme y no pude. Estaba atada a la cama por una piola que corría alrededor de mis rodillas y mi cintura, como seguirá sucediendo después, durante muchos años, cada vez que acampan cerca los gitanos.

Entonces oigo siempre la voz de Laura que me dice:

—Te até para que no salieras a explicarles nada. Ellos ya se fueron. Ahora no hay peligro.

Cuando me asomo a la ventana, veo todavía un fulgor emboscado en cuanto miro, una luz solferina, un sol luciferino.

Bujías para las emisarias

Ahora sé que representan a otros y yo no puedo averiguar a quiénes. Son sus dobles, sus emisarias o sus espías, y también ignoro qué propósito las trajo hasta aquí, aunque todas vinieron de las mejores manos. No pregunté nada a nadie cuando llegaron, y ahora me limito a vigilarlas y a dejarlas encerradas con llave en el cuarto de estudio, que es también el de juego. Cuando vuelvo a entrar, siempre hay algo que ha cambiado; no podría decir precisamente qué, pero la posición de una cabeza o de una mano, algún desorden en las ropas o cierta forzada compostura indican que han tratado de rehacer la escena con la rapidez de una ráfaga, con esa velocidad que impide ver lo que hay debajo de algo que se transformó, como cuando una lagartija se desliza por la pared que estamos a punto de mirar. No me atrevo a mirarlas antes por el ojo de la cerradura, porque acaso sería peor: podría encontrarme con otro ojo, con una aguja que avanza, con la Basílica de Luján o con una visión insoportable. Porque además, ¿quién me asegura que no sea eso lo que esperan de mí para empezar a actuar desembozadamente? ¿Y no es posible que este temor me venga por adelantado desde aquel espectáculo de autómatas que presencié en París, en plena noche desierta y silenciosa, en la rue Vaugirard, al agacharme a mirar por el ojo irresistible de una puerta verde? Será sólo un saludo, una reverencia mecánica, una inclinación de los cuerpos articulados de la pareja calva bajo la luz sangrienta y sombría, nada más que la señal de que habrán sabido que allí estoy —apenas un segundo en la eternidad—, y después, en seguida, la oscuridad total.

Estas tres son mujeres —niñas, más bien, para aparentar que creo en la simulación—, y tienen escasa, regular y copiosa cabellera. Yo las llamo Gervasia, Melania y Adelia, aunque vaya a saber cómo se llaman. Quise ponerles nombres terminados en "ia" porque me parece que se abren, se expanden y se esconden y vuelven a abrirse como algunas flores, y resultaron nombres de ancianas solitarias que habitan en caserones ruinosos donde todo parece de color violeta, tan inquietantes que los desvanes y los sótanos se confunden, tapizados con telarañas y piel de topo.

Gervasia se parece a la Reina Genoveva. El mismo aspecto de novia abandonada el día de la boda, con sus blancos lujos deslucidos y sus ristras de piedras y de perlas que perdieron el fulgor, sólo que los pocos mechones que asoman por debajo de su cofia son claros y sus ojos anchos y azules parecen mirar, resentidos, cómo avanzan las manecillas de todos los relojes en un lejano y neblinoso país. Melania es menor, más pálida aún y tan sufrida que parece haber atravesado leguas de lluvia y acechanzas para llegar aquí, casi extenuada, a pedir auxilio, después de clamar inútilmente por su padre —"paaapá"—, con la oscura cabellera lluviosa y esa expresión despavorida de alguien que salió con lo puesto huyendo de un incendio, de una inundación o de los lobos. En cambio Adelia hace frente orgullosamente a todos los propósitos, aviesos o no, propios y ajenos, y lo proclama con ese aire de triunfo y esas gasas y sedas y lazos y puntillas de fiesta con los que fue favorecida, desde los delicados zapatos hasta los brillantes bucles dorados. Ella quisiera ser la reina, la que domina con la boca entreabierta y cuatro dientes a la vista, plegando un codo para levantar un cetro y alzando una rodilla para subir la gradería que conduce al trono. Sólo que aquí no hay cetro ni trono y no le queda más que lanzar un gritito de protesta diciendo "maaamá", cuando se la inclina, o bajar los párpados con ese "clic", ese ruido indiferente de hielo que se triza. Las otras dos se callan y miran, casi torpes. Gervasia es como una extranjera que no entiende y Melania como alguien que aún no se ha repuesto de un gran susto.

No converso con ellas, como he visto hacer con otras, a las que se les obliga a decir con diferentes voces lo que más conviene, a jurar por las más descaradas mentiras o a revelar secretos ajenos. Aunque no me consta que no sean ellas, esas otras, las que así lo deciden. Tampoco las maltrato, no sólo porque no es cierto que no sientan y tampoco porque les tema, sino porque no abuso ni siquiera del silencio o de la buena voluntad de los objetos. Prefiero tener el trato indispensable, ese que consiste en cambiarlas de sitio, en quitarlas del paso, en imaginar que estamos en una antesala, cada una en su lugar, como cuatro desconocidas. De todos modos en esa antesala hemos asistido juntas a tormentas, a enfermedades, a penitencias, a paisajes inmóviles y a tantas entradas y salidas que casi les tenía cariño. Hasta ayer.

Ayer a la tarde tía Adelaida salió conmigo para hacer unas visitas y dejar unos frascos de dulce de naranja en la casa de la María Teo. Son esos dulces brillantes, espesos, que prepara la abuela, ésos en los que el caramelo se desliza muy despacio por el vidrio que lo envuelve como si lo besara interminablemente de puro contento por el color que tiene. En este caso la alegría del caramelo no varía, pero son sólo dulces de "devolución de atenciones, que ojalá no tuviera esa bruja falsa y desvergonzada", porque cada golosina que nos manda la María Teo va a parar al tacho de la basura, sin que siquiera permitan que la prueben los perros, no porque esté envenenada, sino porque es seguro que le ha echado dentro alguna porquería para que desaparezcamos todos, salvo papá, según le oí decir a mamá desde abajo de la mesa, cuando creía que yo estaba en otro lado. A mí no me importaría desaparecer, siempre que desapareciéramos todos juntos, ya que eso debe de significar aparecer en otra parte que no demoraría en ser igual si cada uno sigue siendo como es, pero para eso hace falta que papá forme parte de la mezcla. Entiendo también que la abuela quiera devolver diente por diente para no ofender a la María Teo, porque entonces quién sabe de qué sería capaz, pero vaya a saber qué intenciones pone también la abuela, ya que la he visto y oído farfullar frases ininteligibles mientras revuelve y espera el punto de cocción. Puede ser que rece para que le salga bien, o para que le salga mal, pero puede ser que agregue de palabra ingredientes invisibles a la receta.

No me gusta hacer visitas porque soy muy pálida y antes de entrar en cualquier casa me pellizcan insistentemente las mejillas para que surja el color y nadie pueda pensar que estoy enferma y dispuesta a contagiar a todos como quien juega a la mancha venenosa. No puedo soportar ese odioso e irritante picoteo, pero en la familia ha habido varios muertos que no conocí —salvo mi hermano Alejandro que tenía mi cara y mi color—, y parece que todo el mundo los tiene presentes, tal vez sentados y de pie como en una fotografía, muy quietos y muy pálidos, supongo que instalados en la sala donde cada uno ensayará también desaparecer por pequeñas partes en las nieblas del espejo veneciano, en esas aguas realmente enfermas que los distribuirán como a rígidos ramilletes amarillos —pálidas rosas té envejecidas en la sala— desde góndolas negras y emplumadas por todos los canales.

También tía Adelaida tiene miedo de algún contagio, porque siempre, sin quitarse el guante, se envuelve la punta del dedo en un papelito antes de tocar cualquier timbre. Ahora debe de tener miedo de mucho más, porque se ha detenido y me ha hecho detener bruscamente frente a la puerta impensable, después de mirar en todas direcciones con tales aspavientos que conseguiría llamar la atención del más ensimismado. En seguida me atrapa por un brazo y avanza, arrastrándome, por ese zaguán penumbroso que yo imaginaba atravesado por una vaharada caliente y ácida: el aliento a encierro que anuncia la proximidad de la fiera. En un juego de puerta, vidrio y reflejo tan instantáneo como la fatalidad, aparece de pronto al final la mole oscura salpicada de crisantemos amarillos. La cara de estar acostada, con un párpado hinchado más bajo que el otro, se extiende en una sonrisa sucia, amarronada, que hace aún más repugnante esa estrecha cabeza de insecto sobre el cuerpo desproporcionadamente ancho y escarpado.

—Mamá le manda estos dulces —dice tía Adelaida, extendiéndole una mano desde tan lejos como si hubiera un charco entre las dos—. Pero en realidad vine a aquello que le dije —agrega vacilante, con una risita de complicidad.

—Sí, sí, la esperaba hace días. Pasen. La niña, mientras tanto, puede jugar con mi sobrina —contesta como saliendo de un bostezo la María Teo, y mientras Adelaida se escurre hacia el vestíbulo conmigo aferrada a su mano y a sus faldas, y yo entro trastabillando en las fauces multicolores del destino, consigo esquivar la mano pesada y de uñas roídas que bajaba en dirección a mi cabeza—. No seas tan arisca. Esta debe de ser Lía, ¿no? ¿A qué te gusta jugar? ¡Cora, Corina, Corazón! —grita adormilada, girando lentamente.

Se diría que aun de la pared más lisa de ese ámbito, todo mimbre y tejidos, enfrentada con esa voz que la reclama casi dolorosamente, podría surgir Cora, Corina, Corazón. Pero no. Alguien que sin duda es ella y que debe de haber estado espiando, aparece instantáneamente por una de las dos puertas que hay a la derecha de la convocadora. Se trata de una criatura con cara de persona mayor, envuelta en tantas ropas que por la forma parecería un trompo musical o un repollo caído del arco iris, si no advirtiera uno inmediatamente que como las carpetas, como los almohadones y los adornos, ha salido de una industriosa obediencia a la tiranía de un manual de labores al crochet. Bajo el gorro que se prolonga alrededor del cuello, los ojos enormes, oscuros y serios miran fijamente, con justificada desconfianza, los manejos de la María Teo.

—Esta es Cora, mi sobrina, y esta es Lía, la sobrina de la señorita Adelaida. Cora ha estado enferma y no tiene que correr ni agitarse, pero las dos se van a hacer amigas y se van a quedar aquí, jugando, mientras yo le muestro unos figurines a la señorita —explica con desgano la María Teo.

—Quiero ver figurines y soldados y flores para bordar y la laguna donde hay garzas y flamencos que están en un solo pie —dice Cora con una voz sorprendentemente alta para su volumen, monótona y autoritaria.

—No, señorita. Usted va a jugar al Gran Bonete o a Veo, Veo o a quien pestañea antes o a cualquier cosa con su preciosa visita hasta que nosotras volvamos —anuncia casi con la misma somnolencia la María Teo, mientras toma por un brazo a tía Adelaida y la lleva hacia la otra puerta de la derecha, que sin duda dará a la habitación que mira al frente de la casa.

—No quiero jugar a cualquier cosa con mi preciosa visita que tiene cara de medusa china; no quiero aunque ella quiera y los demás me lo pidan por favor hasta el fin de los siglos —puntualiza con fuerza y sin ninguna inflexión el pequeño envoltorio, como si estuviera haciendo un ejercicio gramatical, mientras marca el compás con un pie, pero sólo yo oigo el final, porque la puerta se ha cerrado inmediatamente y he perdido de vista la amenaza de la mole estampada y el verde plisado que me protegía.

—¿Qué es una medusa china? —pregunto imprudentemente, indecisa entre la ofensa y el halago.

Me inspecciona con embarazosa fijeza. Sus ojos de caramelo "media hora" me recorren prolijamente desde el moño hasta la punta de los pies. Empiezo a sospechar que no se dignará contestarme, cuando arranca:

—Es algo que está en un libro de cuentos y que en el agua no se ve y se ve lo que se pone detrás aunque se quiera ocultar, pero no es un vidrio, ni mica, ni gelatina, ni nada que se le parezca bajo ninguna luz —redondea sin vacilaciones, en una de sus brillantes demostraciones idiomáticas.

—¿Algo transparente? —pregunto, sin querer decir "invisible", porque sospecho que se está refiriendo a mi juego de hacerme invisible, pero sin saber no sólo cómo ha logrado enterarse sino ni siquiera si alguna vez lo he conseguido.

—Algo transparente es poco, escaso, insuficiente. No basta, porque algo transparente se ve siempre si tiene color, como el zafiro, el granate, la esmeralda, el termómetro, la lupa, la granadina y el vino, y para ver bien a la medusa china hay que hacerle tomar té chino y decir las palabras cortas que yo sé levantando el dedo índice contra el sol —dice con amplia erudición en transparencias, como si se hubiera pasado la vida sumergiendo objetos, y con sólidos conocimientos mágicos y sintácticos. A pesar de ello advierto que hay algún error en su razonamiento, pero no encuentro cómo rebatirlo.

Por otra parte, como me empieza a gustar ser una medusa china, pregunto con ansiedad:

—¿Entonces me vas a dar té chino y vas a decir las palabras?

—No, porque ya apareciste y no sé cómo se hace para hacerte desaparecer, y es mejor, porque si no me iban a dar una buena paliza y me iban a llevar a casa de la abuela Eduvigis donde me hacen tomar leche con nata y aceite de castor y de bacalao y todas esas porquerías que tienen un olor a desinfectante y a cucaracha que es mejor no hablar. —Y después de esa muestra de oratoria, agrega con sorpresiva brusquedad: —¿Tu tía Adelaida es tu mamá?

—No, en casa tía Adelaida es mi tía y mamá es mi mamá. Hay una de cada clase —aclaro, avergonzada a un mismo tiempo de la sencillez de nuestras costumbres y de la abundancia que entrañan.

—¡Ah, porque ustedes tienen una casa muy grande, con quintas y jardines! Acá mi tía es mamá, me parece, porque no hay ninguna otra. Pero no quiere que diga eso, y si lo digo me manda a la casa de la abuela Eduvigis donde hay que besar los santos a cada rato y pasarse las mañanas subida al árbol y las tardes arriba del ropero, porque te buscan con una cuchara en la mano y hasta se suben a una escalera para alcanzarte. Son aburridas las cucharas, ¿no te parece?; pero si están vacías y te miras te ves al revés, con la cabeza para abajo. ¿Te gustan las muñecas? —añade como con una súbita inspiración después del variado pero uniforme discurso.

—No mucho. Depende de qué cara tengan —digo sin entusiasmo, porque ya me imagino el desfile que se avecina: cada participante con sus ropitas (también tejidas) y sus collares y sus vajillas y sus virtudes y sus defectos y hasta sus enfermedades, que en boca de la pequeña locuaz serán sin duda temibles e inagotables. —Hay tres que viven conmigo. Las demás están guardadas —completo como para terminar el tema.

No sólo no lo consigo, sino que doy paso a lo peor.

—Yo tengo montones. Todas las que quiero y las que no quiero también. Pero ella las tiene trabajando por encargo, como todos los viernes. Igual te las voy a mostrar para que veas y para que sepas. Primero vamos a oír, porque ellas no están mirando figurines; están jugando a las cartas. Y después te las voy a mostrar, porque quiero, porque se me ocurre, porque se me da la gana. —Entiendo que habla de las muñecas, después de tía Adelaida y de la María Teo, y otra vez de las muñecas.

Apoya un dedo sobre la boca y se desliza sigilosamente, haciéndome señas de que la siga y empujando la puerta por donde apareció cuando llegamos.

La habitación está en penumbras, pero hay un biombo traslúcido que deja pasar un alarmante resplandor rojizo, como si ardiera un incendio en un rincón. En el aire flota olor a humo denso, a humo grasoso, a humo de secreto en combustión. Es extraño: tanto fulgor difuso y tanta tristeza. Dan ganas de llorar.

La puerta que da al cuarto de al lado está entreabierta, y en esa raja de claridad, que tampoco resulta más consoladora, se ve a tía Adelaida y a la María Teo sentadas a una mesa frente a frente, instaladas por años, hasta envejecer. No me gusta lo que estamos haciendo. Nos pegamos sin hacer ruido a la pared y oímos la voz de la María Teo, quejumbrosa y lánguida, como si se abriera paso dificultosamente entre islas dormidas, entre hilos enredados:

—Aquí están los cinco muertos, los tres novios vestidos de oscuro, de gris, de azul y de negro. El abogado, el militar y el médico y los dos aventureros. No consiguen desprenderse; no la dejan olvidar. Mírelos, usted puede verlos —tía Adelaida se estará asomando como si los viera aferrados a una rama en el fondo del aljibe, porque en seguida se oyen sus entrecortadas exclamaciones de sorpresa—. Pero no es la mala suerte. Es un daño muy viejo hecho por una mujer. Sospeche hasta de las más cercanas: las parientes, las amigas. Si usted viene tres viernes seguidos lo deshacemos, siempre que no haya sido hecho con el sapo. Si es con el sapo lleva más tiempo, porque no sabemos dónde está enterrado, para descoserlo. Pero vale la pena. ¿Ve? Si usted lo hace aparece en seguida el sexto festejante, y éste no se muere; éste está bien vivo. El rey se lo confirma. No es un gran amor como los otros, ni un gran partido, ni un dechado de virtudes. Y bueno, no todo es rosa, oro y marfil.

—Pero entonces, ¿para qué lo quiero? ¿Para qué lo necesito? —protesta débilmente tía Adelaida.

—¡Oh!, un hombre sirve para muchas cosas. No me lo haga decir. Y usted no estaría viviendo en casa ajena, donde siempre se es una intrusa y hay que agachar la cabeza frente a las impertinencias y a las humillaciones y a los abusos, y además...

—¿Qué novela se está haciendo? Yo vivo con mi madre, con mi hermana y con mi cuñado —salta tía Adelaida, interrumpiendo con voz bastante alterada la insidiosa cantilena de la otra.

—Su madre juzga a los demás como si fuera el Viejo Testamento, su hermana es una altanera y su cuñado un mártir.

Cora me toma de la mano y me hace retroceder con firmeza. Apenas unos pasos y cuando giramos ya estamos junto al biombo, junto al infierno y sus luminosas luminarias, y mientras la voz de la María Teo se aleja, casi inaudible, mordiendo las palabras y echando fuera trozos de culebra ("la cabeza llena de humos", "un orgullo de reina", "ese hombre se merecía otra suerte", "pero en el mundo andamos"), veo los dos estantes con las muñecas de trapo alineadas, cada una detrás de una vela encendida frente a un vaso de quién sabe qué agua. Son muchas; más de veinte, creo. A simple vista podrían parecer iguales. La hechura casera obedece a las reglas elementales de una somera anatomía: caras blancas con ojos y bocas bordados, dos puntos para la nariz, un rígido tronco que se prolonga en manos y en pies cerrados como puños. Casi todas parecen mujeres, con sus ropas esquemáticas y sus torzadas o turbantes de colores en la cabeza, salvo dos o tres que llevan pantalones y algo que les ciñe las sienes y que se asemeja más a un pañuelo que a un gorro. El aspecto general es torpe, pero hay detalles exquisitos: algún lunar, tres colores de ojos, alguna marca que se asemeja a una cicatriz y hasta algún par de anteojos, definitivamente incorporados al primario modelo. En cuanto a las agujas, el número y los lugares en que están clavadas varían de ejemplar en ejemplar. Algunos pechos y cabezas están realmente erizados.

Hay algo perverso, algo malsano en ese espectáculo incomprensible. Esa legión enigmática e inexpresiva ha de actuar con diligencia para los más indiscriminados fines. Y esas luces enfermas no alumbran la beatitud ni el camino de la oración hacia los aureolados; no tiemblan agitadas por el ala blanca y emplumada que asciende y asciende, sino que hacen guiños desesperados, asfixiadas por las oscuras membranas que planean hacia lo bajo. Tengo que salir de allí para que no me envuelvan las redes de esos humos grasientos y ansiosos y me arrastren definitivamente hacia el subsuelo de los murciélagos y la condenación. Y sin detenerme más, salgo apresuradamente, tratando de no hacer ruido. Cualquiera sea el mundo a cuyas puertas esté, se trata de salvar la piel o el alma, pero sin llamar la atención de los guardianes.

—¿Quién anda ahí? —suena como un prolongado grito de dolor la voz de la María Teo, desviándose de la alterada discusión en la que ha estado sumergida todo este tiempo y de la que no han llegado más que las disonancias, las ásperas variaciones del contrapunto.

Sin duda habrá vuelto la cabeza y habrá empujado en seguida la puerta hacia atrás, sin levantarse de su silla, pero Cora ya está donde yo estoy y hasta parece que hubiera corrido y se me hubiera adelantado para atravesarse en el camino de las suposiciones, porque dice sobre el lejanísimo rumor que ha sustituido a la controversia:

—¡Qué tonta! ¡Pero qué insoportable y perfecta tonta! ¿Qué te crees que son? Son muñecas que están en el lugar de las personas para que las personas se curen o tengan suerte o consigan lo que quieren. Ella me ha explicado todo muy bien. No se puede tener en la casa a todas esas señoras y señores las horas y las horas con una vela encendida y rezando, cuando tienen que estar en su casa, en la oficina o en el club. Las muñecas están aquí para eso. Las muñecas trabajan por ellos. Cada una es otro. ¿Entendiste? Las estampas están en lugar de los santos, ¿no? Bueno, es lo mismo. ¿De qué tuviste miedo?

—No sé, no me gusta. Me pareció que era como si las arañas se rieran. Me pareció una fiesta en la iglesia del diablo. ¿Y para qué son todas esas agujas? ¿Y todos esos vasos?

—Las agujas son para señalar dónde está el mal. Para que los todopoderosos no se equivoquen. ¿Acaso cuando hay que corregirte la ropa no te ponen alfileres? ¿Y no te ponen inyecciones cuando estás enferma? Y los vasos son vasos, nada más, para que sepas. ¿Te dan miedo los vasos?

Su lógica es irrefutable, desarmante, y no hay manera de ocultar mi estupidez.

—No, pero no me gustaría jugar con esas muñecas. No sabría quiénes son.

—Yo sé bien quiénes son, pero cuando juego con ellas son muñecas, nada más. ¿O te crees que la viuda de Davies es la viuda de Davies y que la baño aunque no quiera, que la señorita Eleonora se queda en penitencia porque no sabe de dónde se extrae el nácar y que el señor Almada come mis comiditas y se acuesta en el costurero? ¿Eso te crees?

Sin duda decide que no vale la pena molestarse en esclarecer más a alguien tan ignorante y tan rematadamente tonta como yo, porque se desentiende del asunto alzándose de hombros, más repollo que nunca, fija la atención en la distancia y puntualiza como un testigo que trata de reconstruir toda la verdad:

—Estaban discutiendo. Desde hace rato estaban discutiendo. Y aunque cerraron la puerta siguieron discutiendo. Ahora corrieron las sillas. Están abriendo la otra puerta y ahí vienen.

Sí, vienen. Allí está tía Adelaida adelantándose con esa decisión que sólo le confieren las profundas heridas y con esa dignidad que haría enrojecer avergonzados a terciopelos de cualquier salón más ceremonioso que este desvencijado muestrario de lanas chillonas y quejumbrosos mimbres. Se abre paso como un acontecimiento irrevocable, como una carabela, como una estatua de la majestad injuriada por la estulticia que avanza detrás en forma de la María Teo, una ogresa emboscada de párpado caído y sonrisa oprobiosa, un engendro patizambo que se contonea desafiante hasta el límite del equilibrio, un súcubo malicioso y provocador que tiene el mismo encanto que un orzuelo legañoso, según me dictaría la indignación futura.

La cara de tía Adelaida es un modelo de expresiones —cólera, resentimiento, bochorno, desprecio— cuando exclama:

—¡Vamos!, ni un minuto más en la cueva de la víbora. O vaya a saber qué nos contagiamos —mientras me arrebata por un brazo al pasar y me arrastra hasta el zaguán y continúa murmurando—: No sé cómo permito que esta gentuza espíe en mi destino, y que me insulte encima.

Se oyen risitas melifluas, destempladas, un eco farfullado como una parodia burlona y algunas palabras que se imponen, insidiosas, al tono aletargado:

—Vaya, vaya a hacerles vestiditos a los santos, presumida. Compre moldes al por mayor. Es mejor que matar novios, venenosa.

Y por encima de todo, un batir de palmas, el compás marcado por el pie, y la voz cada vez más alta que nos sigue como un puñado de agujas:

—Medusa china, medusa china, medusa china.

Las que tengo yo son diferentes, pero eso no quiere decir nada. A lo mejor tienen otros vestidos y otras fisonomías porque vienen de ciudades extrañas y representan a protagonistas de

historias complicadas en las que siempre hay mujeres aban-
donadas y caballeros que huyen en veloces carruajes y gasas
blancas o negras que flotan en las arboledas y casas vacías en
las que vagan sombras empujadas por ráfagas de venganza o
de locura. A lo mejor ya cumplieron del todo su cometido o
éste no tiene objeto porque encarnan a personas que ya se
fueron o que nunca llegarán, gentes de ventanilla de tren que
pasa en la noche sin detenerse aunque le hagan señales con
un farol. Porque esas son las caras que tienen: caras hechas
para simular una presencia nada más que por un momento y
en seguida desaparecer. Sólo que aquí no tienen cómplices
que les ayuden a salir de su papel. Aquí no cuentan con la
María Teo que las hace "trabajar", como dijo Cora, ser y dejar
de ser otra persona, y entonces, cuando ya no tienen ningún
mensaje que llevar ni que traer, se quedan fijadas en esa expresión de ausencia tan insistente que parece fingida. Si fuera
así, si realmente hubiera pasado el momento, serían inofensi-
vas, porque estarían deshabitadas, como las otras en los ratos
en que Cora juega. Pero eso no podré saberlo jamás. Y mientras tanto debo vigilarlas, porque a veces me parece que descubro en ellas ciertas intenciones provocadoras, que aún no sé
que inspirarán a Balthus, como esa manera de caer en cualquier parte con las faldas revueltas, en esas actitudes de abandono y desvergüenza que tienen que azorar a cualquiera, y
que después me parecerá que han servido de modelo al mismo Balthus. También he observado en Melania cierta propen-
sión a acentuar su desvalimiento, sobre todo durante las
tormentas eléctricas y cada vez que aparece alguno de esos
insectos que hacen pensar en una piedra engarzada en decidi-

do movimiento. Gervasia, por su parte, no pierde oportunidad de cabecear con reprobación y casi con repugnancia cuando alguien habla de algunas enfermedades o coloca en mi plato variedades de legumbres cremosas e indefinidas enunciando sus virtudes. A Adelia la he sorprendido más de una vez mirando con suficiencia a las otras dos, como si su alta categoría no le permitiera convivir con ellas: dos refugiadas, dos expósitas casi, recogidas por caridad. Tal vez sea más espía que nadie con su ostentoso ajuar y su "made in France"que tiene todo el aire de disimular desorientando.

Pero, con todo esto, ¿no estoy queriendo hacer tiempo para decir lo más tarde posible que esta mañana, con la complicidad de alguien que yo sé, hice un envoltorio y se lo mandé como regalo a Cora? La María Teo sabrá qué hacer con ellas.

Los adioses

Ahora todo nos va llevando a sacudidas, como si nos empuja
ran para arrojarnos del paraíso: el pájaro que se queda atrás,
los pastos duros y descoloridos, el trazo veloz, vehemente,
desenfrenado con que corren los rieles. Con la frente apoyada
contra la ventanilla del tren miro en el reflejo la cara que fue
besada, que será recordada. Sonrío apenas y lloro silenciosa-
mente.

Ayer por la tarde, cuando papá, Laura, María de las Nieves
y su marido ya habían partido en auto hacia Bahía Blanca, yo
todavía estaba en la galería de la casa casi vacía, entre embala-
jes y canastos. Trataba de reír junto con los demás, pero con
poco éxito, ante las piruetas, los saltos y los gestos y los bailes
de Miguel, salpicados de compungidas vocecitas de ánima, de
vidrio roto y vaya a saber de qué, mientras su cara —la cara del
rey de los disfraces— se mantenía impasible, fijada en la expresión atónita y distante de la pálida careta de goma. Era
muy frecuente que en las evoluciones de sus deslizamientos
se acercara a mirarme, y entonces yo veía en los ojos un acuo-
so, intenso y espejeante brillo, y casi podría asegurar que a
través de la redonda abertura de la boca, los labios contraídos

o mordidos se esforzaban por disimular la pena. ¿Sería así? ¿No sería Miguel uno de los arcángeles designados por Dios para cortar el camino hacia el árbol de la vida? Y tal vez el roble protector, a cuyo pie me arrojaba para huir de algún pesar o para escapar de algún castigo, fuera mi árbol de la vida. No, no podía ser así. Todo el juego de Miguel era una farsa para encubrir su pesadumbre. El espectáculo se me hizo insoportable. Acurrucada entre dos canastos repletos de batería de cocina pasé el resto de la tarde con un colador de fideos en la cabeza, encajado hasta la nariz como un sombrero, para poder ver y llorar mejor sin que nadie supiera. Mamá, la abuela y tía Adelaida trajinaban en los últimos preparativos, daban órdenes para el envío de los bultos, controlaban el traslado de muebles. A las seis irían a buscarnos para llevarnos a Santa Rosa, donde pasaríamos la noche.

A las cinco y media el enmascarado descubrió a la chica que se había escondido detrás de la puerta del comedor y a quien todos andaban buscando por el jardín y por las quintas. "¿De qué te disfrazaste?", le preguntó en voz baja. "De Juana de Arco", contestó ella casi en un sollozo, recordando las ilustraciones de aquella tristísima historia, "¿Y tú?". "De bombero, para salvarte." "No quiero salvarme. Además no es cierto; ese no es el traje." "No, tampoco hay hoguera. Pero mira, con cualquier traje, yo soy el muchacho que te va a ir a buscar o te va a esperar hasta que vuelvas", dijo él quitándole el casco y sacándose la máscara. Los dos estaban llorando. Él se inclinó, la besó en toda la cara y le sorbió las lágrimas. "Adiós. Guárdala hasta entonces", dijo, y le puso una piedrecita dentro de la mano. El "adiós" de ella fue ahogado por un gemido, lo

mismo que el susurro "No te olvides. No puedo, no puedo..."
¿Qué fue lo que no pudo? Las palabras fueron estrujadas,
desenhebradas, asfixiadas por una contracción, por un nudo
apretado desde el interior de la garganta. Él la abrazó muy
fuerte; después se apartó de golpe y se fue corriendo.

Ahora estoy viajando con esa piedrecita negra, lisa, lustro-
sa, apretada en la mano. Me tendrán que abrir la mano por la
fuerza para saber qué tengo adentro. Recorrerá conmigo kilómetros y kilómetros y seré casi manca durante setenta y dos
horas. Después nadie sabrá tampoco de qué se trata. Diré
que es un talismán que me regaló un mago. Pero seguirá
viajando conmigo durante largos años: kilómetros y kilómetros de papel escrito, de papel en blanco que espera el
poema, con esa piedrecita apretada en la mano. No sé si
tiene un secreto, un significado que yo ignoro. A veces me
parece que huele a algo más que a piedra fría o que late como
un pequeñísimo corazón, como si adentro hubiera un pájaro
minúsculo; a veces siento una vibración como si intentara
dictarme la palabra que trato de escribir, la palabra en cuya
búsqueda continúo escribiendo. Aún no he descubierto que
esa es la palabra que murmura todo cuanto miro.

Adiós, casa de las luciérnagas, casa de los rincones abriga-
dos y cómplices, de las misteriosas y enmarañadas selvas. Desde el centro de ti, que eres el centro del mundo, con una
escalera hacia lo alto hubiéramos podido llegar al centro del
cielo. Pero sin ir tan lejos, por las noches, cuando se apaga-
ban las luces, tú comenzabas a balancearte y a andar como un
navío llevándonos hasta los lugares más lejanos y secretos, a
través de todos los peligros y las temperaturas, y nos volvías

a dejar ilesos y a salvo, cada mañana, en el lugar acostumbrado. Te he encontrado después en todas las casas que habité, de modo que no sé cómo cabíamos en ellas. Me salías al encuentro desde donde no podías estar: una ventana se abría en una columna, una puerta surgía en medio de la escalera, el sótano se asomaba a la buhardilla, el palomar se paseaba por la sala arrastrando un gran trozo de jardín. También te he vuelto a ver mutilada, con los pasos trabados y la frente sombría, y sin embargo sé que me has reconocido.

Adiós, adiós, aleros con canaletas y molino alto y chirriante, tentadores para las pruebas de equilibrio, los saltos inmortales y el irrefrenable alpinismo; adiós, campo de girasoles y charca de las ranas verdes y pulidas como piedras preciosas, y de las otras, las rayadas, las Marías Egipciacas; adiós, cementerio de pájaros que alojas tres canarios, un frasco de mariposas deslucidas y asesinadas sin querer, por ignorancia, junto al anillo de oro que Laura sepultó en un arranque de bucanera náufraga y perseguida. Adiós, árboles de las escapadas de la siesta con sus frutas verdes y sus ramas colmadas de depredadores huéspedes humanos; adiós, médanos junto al Torreón de los Corsarios o a los restos del castillo desde donde el vigía, o mi caballero, seguirá gritando mi nombre que la inmensidad transmitirá de nube en nube, o de año en año, hasta el día posible; adiós, resplandor de la ahumada cocina que agiganta las sombras fantásticas de los cuentos de la abuela y alberga nuestros juegos llameantes y nuestros corazones agitados en las tardes de invierno. Me despido de todo con los ojos deslumbrados de Ifigenia camino del sacrificio, y ya todo está envuelto en el esplendor de los bienes perdidos.

Porque en realidad ella se despide de todo lo que cree que termina. ¿Y acaso pudo soportar alguna vez lo que termina? No podrá ni siquiera soportar el espectáculo fatal de la Historia. Cleopatra, Giordano Bruno, Ana Bolena, no morirán en el cine. Continuarán su destino, después de su "aparente" final, en los protagonistas de otras escenas en otros cines, en diversas lecturas y aun en las calles, en rincones insospechados. Las imágenes serán a veces alusivas: la intrépida domadora de serpientes, el joven héroe que se ha refugiado en una cabaña junto al fuego, la mujer a quien recortan el escote de un vestido. Pero si no hay este recurso, no importa. Cualquier acción y persona pueden servir para que aquellas vidas continúen. ¿Sería ese ya el comienzo de mi fe en la unidad última de todos, la creencia de que todos somos uno?

Ahora cree que en cuanto vuelva la cabeza la ráfaga que pasa habrá terminado. Inexplicablemente, eso no estará más. No sabe aún que seguirá bañándose con todas sus pertenencias en el mismo río o que seguirá sumergiéndose con todas sus historias en los distintos ríos que atraviese. Cada campo, cada ganado, cada bandada, cada mata que despliega con su extensión esa insalvable distancia que la aleja, seguirá renovándose y marchitándose con ella a medida que crezca, a medida que envejezca. Esta separación es un hachazo de la fatalidad (¡ay, habrá tantos!), y ella nunca podrá recuperar la inocencia por medio del olvido, porque una memoria indomable, ávida, feroz, será su arma contra las contingencias del tiempo y de la muerte.

¿Pero hasta dónde podrá estirarse esta cinta o esta franja elástica que la lleva? ¿Y cuántas cosas podrá colocar en esa inmensidad para que todo sea próximo y conocido, para que no entren huecos insalvables ni presencias extrañas? Allí puede caber hasta lo que creía irrecuperable o ajeno a este momento: la chocolatera dorada con rosas esmaltadas hecha añicos y ahora recompuesta, inalterable; los animalitos dispersos de un zoológico de madera, vueltos a reunir y apostados a lo largo del largo camino; el alfabeto de adelante hacia atrás, de atrás hacia adelante, varias veces; las estatuillas de arcilla china que forman poblaciones enteras en sus cajas de semillas de mijo; las figuras brillantes guardadas en sobres, libros y cuadernos; las tablas de multiplicar con sus vacíos y sus errores, el herbario que nunca logró terminar; las alucinantes, nunca confiables muñecas en cuanto se las mira largamente. Por suerte, el recuerdo del mundo es inagotable cuando se trata de colmar y dominar la lejanía. Y no hemos hablado de los rostros más queridos ni de esa piedra que aprieta en la mano y que se multiplica por todo cuanto mira. ¿Y qué sucederá si la cinta o la franja elástica que la lleva se corta o se contrae? ¿Qué puede suceder? Nos devolverá al lugar de partida; no nos alejaremos más de donde estamos.

La chica no puede calcular que entre ella y ese lugar del que salió envuelta en llanto y amordazada por la impotencia, se filtrarán continentes enteros con sus floras y sus faunas, otras despedidas igualmente desgarradoras, encuentros milagrosos, insomnios desesperados, celebraciones como fuegos de artificio, amores, mudanzas, incendios, nacimientos, amaneceres sin porvenir, antes de que vuelva a encontrarse con Miguel. Serán más de cuarenta años de imágenes los que habrán pasado por unos y otros ojos cuando se estén mirando sin encontrar a los que eran, cuando él esté diciendo solemne, ceremoniosamente distante, como si estuviera vestido de negro, que "esa casa fue un esplendor y su gente era un orgullo para este pueblo, y yo, yo tuve el extraordinario privilegio de frecuentarlos". Ella tuvo ganas de preguntar entregándole la piedra que aún conservaba: "¿Hubo alguien que sufriera verdaderamente cuando se fueron?, ¿alguien anduvo como un animal herido escondiéndose por los rincones?", pero se contuvo. "Parecería un sueño. Todo es tan ajeno, tan irreal, como si me lo contaran", estaba diciendo él, opaco, ausente. "¿Un sueño? ¿Pero no rescataste nada para el despertar? ¿Ni una pluma, ni una flor de papel, no digamos ya algo como el chaleco del Grand Meaulnes?", pensó ella. Nada que rescatar debajo del olvido. Nada puede decirse cuando han caído lluvias para cien inundaciones y los médanos han cambiado mil veces de lugar. Todo se ha borrado. Todo ha sido cubierto por la arena, por otra sal tan dura como la que cubrió a Cartago.

Y estoy aquí con la misma impotencia, sometida a este viaje. Nadie frente a quien reclamar. Me han permitido viajar con mi vestido nuevo, para darme alegría. Es un vestido azul, de paño bastante grueso, como de marinero friolento, y llevo, además, un capote con caperuza y botones navales muy importantes. No me han permitido, en cambio, meter los pies en los zapatos de tacones altos de tía Adelaida, con los que intenté, apenas, encubrir las heridas de mi dignidad infantil, pero me he puesto una curita gloriosa en la muñeca izquierda y otra no menos heroica en un dedo de la mano derecha. Claro que son alardes, ostentaciones de una batalla que no hubo, pero algo me consuelan. Aunque no, ni siquiera me consuela la enorme caja de delicias de chocolate que me regaló la abuela. Lo logra, a ratos, su mano que acaricia mi cabeza, despacio, muy despacio, como si estuviera dormida.

¿Adónde he estado a punto de caer? Me han levantado del asiento a barquinazos. Nos estamos yendo de una estación perdida, polvorienta. Esos niños que juegan a la payana sentados sobre los talones, en el andén, y que miran ahora pasar el vagón, que me miran y me saludan con la mano cuando paso y los saludo, me están dando la prueba de que volveré, porque a eso he apostado con la intención cuando he alzado y agitado mi brazo: "si alguien me responde, volveré". Aquella casa blanca, esa humareda, este pueblo que parpadea con sus luces enfermas, son mis enemigos. Lo serán para siempre, también cuando recuerde, cuando vuelva a hacer este viaje con tres muertas que ahora son mamá, la abuela y tía Adelaida, con las que voy hacia un lugar donde nos estarán esperando cuatro muertos en una casa que no conozco, cuatro muertos entonces, pero que ahora son papá, María de las Nieves, Laura y Daniel. Es impresionante estar rodeada siempre de muertos muy pálidos, muy inmóviles, que miran hacia adelante como si fueran en un tren, en otro tren, aunque vayan en el mismo. Da la impresión de que por saber entonces, cuando yo vuelva, ahora ya supieran, y sólo yo soy la que no sabe.

Tampoco sabes hacia dónde vas, criatura; no lo sabrás nunca. Sólo sabes que detrás de todo ese doloroso suspenso te espera el mar. Te han dicho que el mar no cesa, que las olas son las mismas desde el comienzo del mundo, que avanza y retrocede, tanto al avanzar como al retroceder. Engañoso, ¿no? ¿Será así todo lo desconocido? Semejante al acecho de una fiera siempre dispuesta a atacar y a desistir, a la espera del mejor momento para sumergirte. Ahora ruge y te llama, y sin duda hace aún más saladas tus lágrimas y te arrastra, irrevocable, desde algún oscuro lugar del porvenir, como la soledad que vino después y que te aspirará, que te aspiraba ya, desde algún rincón del inhóspito futuro, que apagaba las lámparas de un soplo, ensombrecía los cristales y te cubría de inexplicable sufrimiento desde los pies hasta la cabeza. "¿Qué te pasa?, pero, ¿qué te pasa?", te preguntarán con insistencia, y a veces hasta enumerarán algo de lo mucho que tienes para demostrar que no te falta nada. Y tú no podrás explicar que se trata de algo que aún no está o que no ha dejado de estar, que es algo que se asomará o faltará después, más allá, algo como el anuncio de la pena por la dicha que se irá, pero que ya ese aviso o esa ausencia te echaba su aliento a la cara y se adelantaba hacia ti y te absorbía como los remolinos de un ventisquero.

Es verdad; tampoco sabía adónde iba. Siempre creeré haberlo sabido cuando ya pasó, cuando tengo la sensación de estar haciendo una cuenta nueva. En cada momento creo que se ha corrido hacia adelante toda la oscuridad que hubo detrás y que ya he recorrido, tanteado y sopesado y hasta dominado con el instinto del topo o con la visión larguísima, múltiple, del gato. A veces he ido un poco más allá: he medido la oscuridad sin tiempo con la oscuridad de mi alma, hasta el último muro y hasta el último fondo, y han coincidido, y al fusionarse se ha producido algo que se parece a una chispa, a una revelación, a un reconocimiento instantáneo, muy fugaz, es cierto, pero que es como la promesa de un reencuentro y una unión perdurable con el modelo, invisible por ahora, en un lugar de donde vine y donde algún día haré pie y veré y sabré. Mientras tanto, mientras sondeo la oscuridad entre estas vislumbres de fulgores que me acercan desde la semejanza hasta la imagen, mantengo esta fe y esta esperanza. Aquí todo está hecho para soportar la luz por la sombra que arroja, y su presencia plena sólo se manifiesta en un relámpago, porque no es de este lado. Me aterra el solo pensamiento de intentar asir la iluminación o el conocimiento pleno arrojándome de un salto en una ilusoria claridad sin fondo. Es como pretender mirar de frente lo desconocido desde el centro de un diamante, o como estar prisionera, incrustada en un glaciar enceguecedor o, peor aún, como precipitarme en un resplandor insoportable, alucinante, por el que caigo y caigo hacia ninguna parte, sin ningún talismán, sin un hilo sagrado, sin una piedra de amor apretada en la mano. Contra la falsa luz que no permite ver elijo lo invisible. ¿Será porque también la luz es un abismo?

De
Páginas de Olga Orozco
1984

Alrededor de la creación poética

La poesía puede presentarse al lector bajo la apariencia de muchas encarnaciones diferentes, combinadas, antagónicas, simultáneas o totalmente aisladas. De acuerdo con las épocas, los géneros, las tendencias, puede ser, por ejemplo, una dama oprimida por la armadura de rígidos preceptos, una bailarina de caja de música que repite su giro gracioso y restringido, una pitonisa que recibe el dictado del oráculo y descifra las señales del porvenir, una reina de las nieves con su regazo colmado de cristales casi algebraicos, una criatura alucinada con la cabeza sumergida en una nube de insectos zumbadores, una señora que riega las humildes plantas de un reducido jardín, una heroína que canta en medio de la hoguera, un pájaro que huye, una boca cerrada.

¿Cuál es la imagen verdadera de este inagotable caleidoscopio? La más libre, la más trascendente sin retóricas, la no convencional, la que está entretejida con la sustancia misma de la vida llevada hasta sus últimas consecuencias. Es decir, la que no hace nacer fantasmas sonoros o conceptuales para encerrarlos en las palabras, sino que hace estallar aun los fantasmas que las palabras encierran en sí mismas.

Recorrer la trayectoria de la poesía desde la formulación del encantamiento y su consecuente palabra de poder, hasta la época actual, es un camino en doble espiral, tan largo como la génesis del lenguaje y tan tortuoso como la historia del hombre. Analizar el lenguaje de la poesía en sus sonidos y en sus resonancias es atrapar a un coleóptero, a un ángel, a un dios en estado natural y salvaje y someterlo a injertos y disecciones, hasta lograr un cadáver amorfo. Los poetas conviven con las palabras. Sí, las nutren, las mastican, las aplastan, las pulverizan; combaten por saber quién sirve a quién, o pactan con ellas, o tienen una relación semejante a la de los amantes. La poesía es un organismo vivo, rebelde, en permanente revolución, en permanente metamorfosis. Pero los fonemas, los antónimos, las aféresis, las paragoges, las aliteraciones, las arritmias, los yámbicos, al igual que ciertas ideas fijas, son los parásitos de las palabras; producen enfermedades incurables, vicios rutinarios, vejeces prematuras que conducen a las academias de la prosodia, a los hospitales de la semántica y al panteón de la etimología.

Condensando todos los ismos que unen y separan, como los verdaderos istmos, reuniendo en un solo cuerpo las palabras que nacen, crecen, mueren y renacen, sólo puedo decir que más allá de cualquier posible discrepancia de acción y de fe, la poesía es un acto de fe, una crítica de la vida, un cuestionamiento de la realidad, una respuesta frente a la carencia del hombre en el mundo, una tentativa por aunar las fuerzas que se oponen en este universo regido por la distancia y por el tiempo, un intento supremo y desesperado de verdad y rescate en la perduración.

Ignoro cuál sería el porvenir de la poesía en un mundo regido por una técnica impensable o por una imposible perfección. Silencio, canto de alabanza colectivo, escalofriante mecánica que se genera a sí misma, tal vez, y digo tal vez, porque no puedo dejar de creer que la poesía no sea una infinita probabilidad. Pero no puedo pensar en un mundo perfecto, sin muerte, sin restricciones, sin tú y yo.

Mientras tanto, aquí y ahora, el poeta elige su expresión. Elige la palabra como un elemento de conversión simbólica de este universo imperfecto. La idea de que el nombre y la esencia se corresponden, de que el nombre no sólo designa sino que es el ser mismo y que contiene dentro de sí la fuerza del ser, es el punto de partida de la creación del mundo y de la creación poética.

Separado de la divinidad, aislado en una parte limitada de la unidad primera o desgarrado en su propio encierro, el individuo siente permanentemente la dolorosa contradicción de su parte de absoluto y de sus múltiples, efervescentes particularidades. Quiere ser otro y todos sin dejar de ser él, no invadiendo sino compartiendo. Ese sentimiento de separación y ese anhelo de unidad, sólo se convierten en fusión total, simultánea y corpórea, en la experiencia religiosa, en el acto de amor y en la creación poética. El "yo" del poeta es un sujeto plural en el momento de la creación, es un "yo" metafísico, no una personalidad. Esta trasposición se produce exactamente en el momento de la inminencia creadora. Es el momento en que la palabra ignorada y compartida, la palabra reveladora de una total participación, la palabra que condensa la luz de la evidencia y que yace sepultada en el fondo de cada uno como una pregunta que conduce a todas las respuestas, comienza a enunciarse con balbuceos y silencios que pueden corresponder a todos y a cada uno de los nombres que encierran los fragmentos de la realidad total. Su resonancia se manifiesta en una sorpresiva paralización de todos los sistemas particulares y generales de la vida. El poeta, con toda la carga de lo conocido y lo desconocido, se siente de pronto convocado hacia un afuera cuyas puertas se abren hacia adentro. Una tensión extrema se acaba de apoderar de la trama del mundo, próxima a romperse ante la inminencia de la aparición de algo que bulle, crece, fermenta, aspira a encarnarse, en medio de la mayor luz o de la mayor tiniebla. El ser entero ha cesado de ser lo que era para convertirse en una interrogación total, en una expectativa de cacería en la que se ignora quién es el cazador y cuál es el animal al que se apunta. Algo está condensándose, algo está a punto de aparecer. Algo *debe* aparecer o el universo entero será aspirado en una dirección o estallará con un estrépito ensordecedor en otros millares de fragmentos.

El poeta traspone entonces las pétreas murallas que lo encierran y sale a enfrentarse con los centinelas de la noche.

Va a acceder al mundo del mito, va a repetir el acto creador en el limitado plano de la acción de su verbo, va a enfrentarse con su revelación. No importa que ese momento ejemplar —eterno en la eternidad como el molde del mito— tenga de este lado la duración exacta de un momento del mundo, ni que la palabra que ha usado como un arma de conocimiento y un instrumento de exploración ofrezca después el aspecto de un escudo roto o se convierta en un humilde puñado de polvo.

Ha penetrado, de todas maneras, o ha creído penetrar, en la noche de la caída, la ha detenido con su movimiento de ascenso y ha revertido el tiempo y el espacio en que ocurría. El pasado y el porvenir se funden ahora en un presente ilimitado donde las escenas más antiguas pueden estar ocurriendo, al igual que las escenas de la profecía. Es un tiempo abierto en todas direcciones. El vacío que precedía al nacimiento se confunde con el vacío adjudicado a la muerte, y ambos se colman de indicios, de vestigios, de señales.

"¿Qué memoria es esa que sólo recuerda hacia atrás?", dice la Reina Blanca de *Alicia en el país de las maravillas*, y entonces es posible responderle que la memoria es una actualidad de mil caras, que cada cara recubre la memoria de otras mil caras, y que el pasado ha estampado sus huellas infantiles en los muros agrietados del porvenir.

Tampoco la distancia que nació con la separación existe ya. La sustancia es una sola en una milagrosa solución de continuidad. Es posible ser todos los otros, una mata de hierba, una tormenta encerrada en un cajón, la mirada de alguien que murió hace 2500 años.

Se está frente a una perspectiva abierta y circular, pero aún en los umbrales del exilio. Es un viaje largo y solitario el que se debe emprender en las tinieblas. El que se interna amparado por la lucidez, como por el resplandor de una lámpara, no ejercita sus ojos y no ve más allá de cuanto abarca el reducido haz luminoso que posee y transporta. El que avanza a ciegas no alcanza a definir las formas conocidas que se ocultan tras los enmascaramientos de las sombras, ni logra perseguir el rastro de lo fugitivo. No hay conciencia total ni abandono total. No hay hielo insomne ni hervor alucinado. Hay grandes llamaradas salpicadas de cristales perfectos y grandes cristalizaciones que brillan como el fuego. Hay que tratar de asirlas. Hay que encender y apagar la lámpara de acuerdo con los accidentes del camino.

Los senderos son engañosos y a veces no conducen a ninguna parte, o se interrumpen bruscamente, o se abren en forma de abanico. Hay muros que simulan espejismos, imágenes prometedoras que se alejan, ejércitos de perseguidores y de monstruos, apariencias emboscadas, objetos desconocidos e indescifrables que brillan con luz propia, terrenos que se deslizan vertiginosamente bajo los pies. Se viven confusiones desconcertantes entre la pesadilla y la vigilia, lo familiar resulta impenetrable y sospechoso y lo insólito adquiere la forma tranquilizadora de lo cotidiano. Se tiene la sensación de haber contraído una peste que puede producir cualquier transformación, aun la más inimaginable, y hay una fiebre que no cesa y que parece alimentarse de la duración.

El poeta cree adquirir poderes casi mágicos. Intenta explorar en las zonas prohibidas, en los deseos inexpresados, en las inmensas canteras del sueño. Procura destruir las armaduras del olvido, detener el viento y las mareas, vivir otras vidas, crecer entre los muertos. Trata de cambiar las perspectivas, de presenciar la soledad, de reducir las potencias que terminan por reducirlo al silencio.

A lo largo de todo este trayecto, la palabra —única arma con que cuenta para actuar— se ha abandonado a las fuerzas imponderables o ha asumido todo el poder de que dispone para trasmutarse en el objeto mismo de su búsqueda. Por medio del lenguaje, emanación de la palabra secreta, el poeta ha tratado de trascender su situación actual, de remontar la noche de la caída hasta alcanzar un estado semejante a aquel del que gozaba cuando era uno con la divinidad, o de continuar hacia abajo para cambiar lo creado, anexándole otros cielos y otras tierras, con sus floras y sus faunas. El hecho es el mismo: es la repetición del acto creador por el poder del verbo. Por el poder del verbo, el poeta se ha entregado a toda suerte de encadenamientos verbales que anulan el espacio, a ritmos de contracción y de expansión que anulan el tiempo, para coincidir con el soplo y el sentido de la palabra justa: del *sea* o del *hágase*. Pero el poder del lenguaje es restringido por todo el precario sistema de la condición humana. La palabra secreta, capaz de crear un mundo o de devolver éste a sus orígenes, no se manifiesta a través de ninguna aproximación. El poeta ha enfrentado lo absoluto con innumerables expresiones posibles, solamente posibles, con signos y con símbolos que son la cosa misma y que suscitan también imágenes analógicas posibles, solamente posibles. Entre ese inabordable absoluto y este reiterado posible se manifiesta la existencia del poema: lo más próximo de esa palabra absoluta.

El poema: un instrumento inútil, una proyección del acto creador que fue descubrimiento.

Para el poeta ha terminado. Al lector le corresponde entonces instalarse frente al poema, que interroga y responde, en su condición de objeto y de sujeto. Retomar el mecanismo de la revelación.

Anotaciones para una autobiografía

Con sol en Piscis y ascendente en Acuario, y un horóscopo de estratega en derrota y enamorada trágica, nací en Toay (La Pampa), y salí sollozando al encuentro de temibles cuadraturas y ansiadas conjunciones que aún ignoraba. Toay es un lugar de médanos andariegos, de cardos errantes, de mendigas con collares de abalorios, de profetas viajeros y casas que desatan sus amarras y se dejan llevar, a la deriva, por el viento alucinado. Al atardecer, cualquier piedra, cualquier pequeño hueso, toma en las planicies un relieve insensato. Las estaciones son excesivas, y las sequías y las heladas también. Cuando llueve, la arena envuelve las gotas con una avidez de pordiosera y las sepulta sin exponerlas a ninguna curiosidad, a ninguna intemperie. Los arqueólogos encontrarán allí las huellas de esas viejas tormentas y un cementerio de pájaros que abandoné. Cualquier radiografía mía testimonia aún ahora esos depósitos irremediables y profundos.

Cuando chica era enana y era ciega en la oscuridad. Ansiaba ser sonámbula con cofia de puntillas, pero mi voluntad fue débil, como está señalado en la primera falange de mi pulgar, y desistí después de algunas caídas sin fondo. Desde muy pequeña me acosaron las gitanas, los emisarios de otros mundos que dejaban mensajes cifrados debajo de mi almohada, el basilisco, las fiebres persistentes y los ladrones de niños, que a veces llegaban sin haberse ido.

Fui creciendo despacio, con gran prolijidad, casi con esmero, y alcancé las fantásticas dimensiones que actualmente me impiden salir de mi propia jaula. Me alimenté con triángulos rectángulos, bebí estoicamente el aceite hirviendo de las invasiones inglesas, devoré animales mitológicos y me bañé varias veces en el mismo río. Esta última obstinación me lanzó a una fe sin fronteras. En cualquier momento en que la contemple ahora, esta fe flota, como un luminoso precipitado en suspensión, en todos los vasos comunicantes con que brindo por ti, por nosotros y por ellos que son la trinidad de cualquier persona, inclusive de la primera del singular.

En cuanto hablo de mí, se insinúa entre los cortinajes interiores un yo que no me gusta: es algo que se asemeja a un fruto leñoso, del tamaño y la contextura de una nuez. Trato de atraerlo hacia afuera por todos los medios, aun aspirándolo desde el porvenir. Y en cuanto mi yo se asoma, le aplico un golpe seco y preciso para evitar crecimientos invasores, pero también inútiles mutilaciones. Entonces ya puedo ser otra. Ya puedo repetir la operación. Este sencillo juego me ha impedido ramificarme en el orgullo y también en la humildad. Lo cultivé en Bahía Blanca junto a un mar discreto y encerrado, hasta los dieciséis años, y seguí ejerciéndolo en Buenos Aires, hasta la actualidad, sin llegar jamás a la verdadera maestría, junto con otras inclinaciones menos laboriosas: la invisibilidad, el desdoblamiento, la traslación por ondas magnéticas y la lectura veloz del pensamiento.

Mis poderes son escasos. No he logrado trizar un cristal con la mirada, pero tampoco he conseguido la santidad, ni siquiera a ras del suelo. Mi solidaridad se manifiesta sobre todo en el contagio: padezco de paredes agrietadas, de árbol abatido, de perro muerto, de procesión de antorchas y hasta de flor que crece en el patíbulo. Pero mi peste pertinaz es la palabra. Me punza, me retuerce, me inflama, me desangra, me aniquila. Es inútil que intente fijarla como a un insecto aleteante en el papel. ¡Ay, el papel! "blanca mujer que lee en el pensamiento" sin acertar jamás. ¡Ah la vocación obstinada, tenaz, obsesiva como el espejo, que siempre dice "fin"! Cinco libros impresos y dos por revelar, junto con una pieza de teatro que no llega a ser tal, testimonian mi derrota.

En cuanto a mi vida, espero prolongarla trescientos cuarenta y nueve años, con fervor de artífice, hasta llegar a ser la manera de saludar de mi tío abuelo o un atardecer rosado sobre el Himalaya, insomnes, definitivos. Hasta el momento sólo he conseguido asir por una pluma el tiempo fugitivo y fijar su sombra de madrastra perversa sobre las puertas cerradas de una supuesta y anónima eternidad.

No tengo descendientes. Mi historia está en mis manos y en las manos con que otros las tatuaron. Mi heredad son algunas posesiones subterráneas que desembocan en las nubes. Circulo por ellas en berlina con algún abuelo enmascarado entre manadas de caballos blancos y paisajes giratorios como biombos. Algunas veces un tren atraviesa mi cuarto y debo levantarme a deshoras para dejarlo pasar. En la última ventanilla está mi madre y me arroja un ramito de nomeolvides.

¿Qué más puedo decir? Creo en Dios, en el amor, en la amistad. Me aterran las esponjas que absorben el sol, el misterioso páncreas y el insecto perverso.

Mis amigos me temen porque creen que adivino el porvenir. A veces me visitan gentes que no conozco y que me reconocen de otra vida anterior. ¿Qué más puedo decir? ¿Que soy rica, rica con la riqueza del carbón dispuesto a arder?

BIBLIOGRAFÍA

Desde lejos, Buenos Aires, Losada, 1946

Las muertes, con ilustraciones de J. Batlle Planas, Buenos Aires, Losada, 1952

Los juegos peligrosos, Buenos Aires, Losada, 1962

La oscuridad es otro sol, con *collages* de Enrique Molina, Buenos Aires, Losada, 1967; 2da. ed. Valencia, Pre-textos, 1991

Las muertes. Los juegos peligrosos, Buenos Aires, Losada, 1972

Museo salvaje, Buenos Aires, Losada, 1974

Cantos a Berenice, Buenos Aires, Sudamericana, 1977

Mutaciones de la realidad, Buenos Aires, Sudamericana, 1979; 2da. ed. Madrid, Adonais, 1992

Obra poética, Buenos Aires, Corregidor, 1979

Páginas de Olga Orozco, Buenos Aires, Celtia, 1984. Selección de la autora; estudio preliminar de Cristina Piña.

La noche a la deriva, México, Fondo de Cultura Económica, 1984; 2da. ed. Córdoba, Alción, 1995

En el revés del cielo, Buenos Aires, Sudamericana, 1987; 2da. ed. Córdoba, Alción, en curso de publicación.

Con esta boca, en este mundo, Buenos Aires, Sudamericana, 1994

También la luz es un abismo, Buenos Aires, Emecé, 1995

Travesías, conversaciones con Gloria Alcorta coordinadas por Antonio Requeni, Buenos Aires, Sudamericana, 1997

Antología poética, Madrid, Instituto de Cooperación Iberoamericana, 1985

Antología poética, Buenos Aires, Fondo Nacional de las Artes, 1996

Veintinueve poemas, prólogo de Juan Liscano, Caracas, Monte Ávila Editores, 1975

Poesía. Antología, colección Capítulo, nº 141, selección y prólogo de Thelma Luzzani Vystrowicz, Buenos Aires, Centro Editor de América Latina, 1982

ÍNDICE

Prólogo, por *Horacio Zabaljáuregui* 7

De *Desde lejos* 17
    Quienes rondan la niebla 19
    Para Emilio en su cielo 22
    A solas con la tierra 25
    La casa 28
    Cabalgata del tiempo 31

De *Las muertes* 33
    Las muertes 35
    Gail Hightower 36
    Carina 38
    Maldoror 40
    El Pródigo 42
    Olga Orozco 44

De *Los juegos peligrosos* 47
    La cartomancia 49

Para hacer un talismán 55
Si me puedes mirar 57
Para destruir a la enemiga 61
Sol en Piscis 64
Desdoblamiento en máscara de todos 69

De *Museo salvaje* 71
Génesis 73
Lamento de Jonás 77
En la rueda solar 79
El sello personal 82
Mi fósil 84
Duro brillo, mi boca 86

De *Cantos a Berenice* 89
I 91
II 92
V 94
X 96
XII 98
XV 100
XVII 102

De *Mutaciones de la realidad* 105
Presentimientos en traje de ritual 107
Remo contra la noche 109
Rehenes de otro mundo 113
Continente vampiro 115

Densos velos te cubren, poesía 118
Variaciones sobre el tiempo 121

De *La noche a la deriva* 125
En tu inmensa pupila 127
Para este día 130
"Botines con lazos", de Vincent Van Gogh 132
Al pie de la letra 135
Andante en tres tiempos 137
Aun menos que reliquias 142
Cantata sombría 146

De *En el revés del cielo* 149
Catecismo animal 151
En el laberinto 154
Escena de caza 157
Fundaciones de arena 159
El narrador 161
Ésa es tu pena 164
El retoque final 166
En el final era el verbo 168

De *Con esta boca, en este mundo* 171
Con esta boca, en este mundo 173
Señora tomando sopa 175
La corona final 177
Mujer en su ventana 179
La mala suerte 181

Espejo en lo alto 184
En la brisa, un momento 187
Les jeux sont faits 193

De *La oscuridad es otro sol* 195
Había una vez 197
¡Despertad y cantad, moradores del polvo! 207
Por amigos y enemigos 223
Juegos a cara y cruz 234

De *También la luz es un abismo* 245
El cerco de tamariscos 247
Solferino 252
Bujías para las emisarias 265
Los adioses 282

De *Páginas de Olga Orozco* 293
Alrededor de la creación poética 295
Anotaciones para una autobiografía 302

Bibliografía 307

Se terminó de imprimir en los talleres
gráficos Nuevo Offset, Viel 1444, Capital
Federal en el mes de agosto de 1998.
Tirada: 2.500 ejemplares.

La **poesía** en el
Fondo de Cultura
Económica

Gonzalo Rojas

Obra selecta

Enrique Lihn

Porque escribí

Jorge Teillier

En el mudo corazón del bosque

Los dominios perdidos

Eduardo Anguita

Venus en el pudridero

Raúl Zurita

Anteparaíso

Purgatorio

Blanca Varela

Canto villano

Octavio Paz

Obra poética I

(1935-1970)

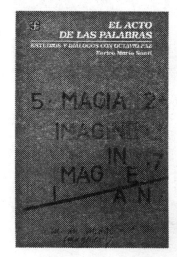

Enrico Mario Santí

El acto de las palabras.
Estudios y diálogos con
Octavio Paz